Brigitte Kratzenstein

Hand-Puppen

gestrickt + gehäkelt

Meiner Tochter Sibylle gewidmet

Immer wiederkehrende Strick- und Häkelvorgäng

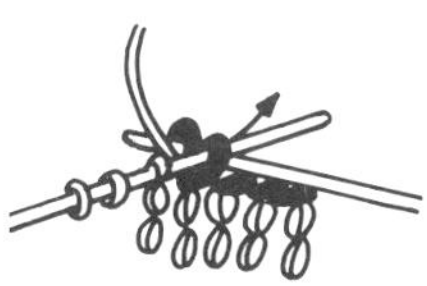

Ma. abketten

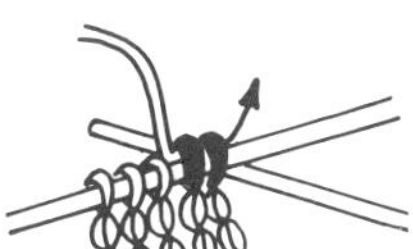

2 Ma. zusammenstricken

Neue Ma. aufhäkeln

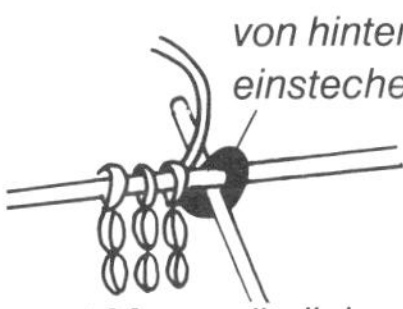

von hinten einstechen

1 Ma. zusätzlich aufstricken

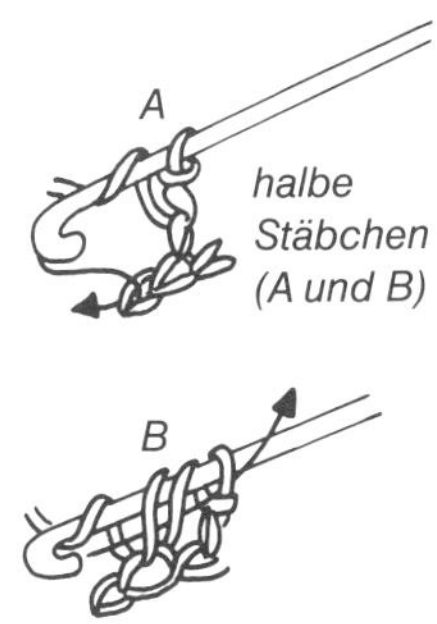

halbe Stäbchen (A und B)

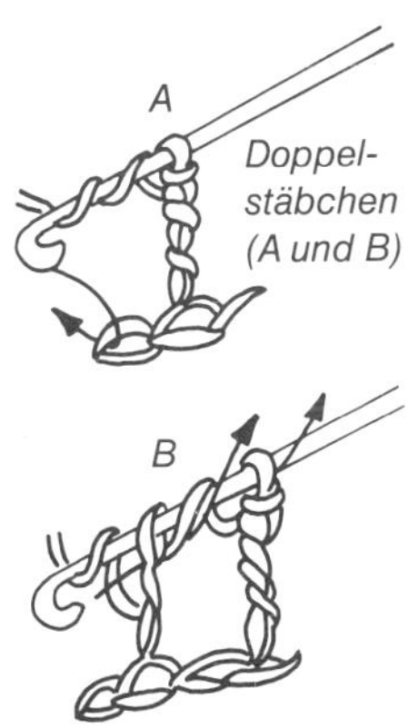

Doppelstäbchen (A und B)

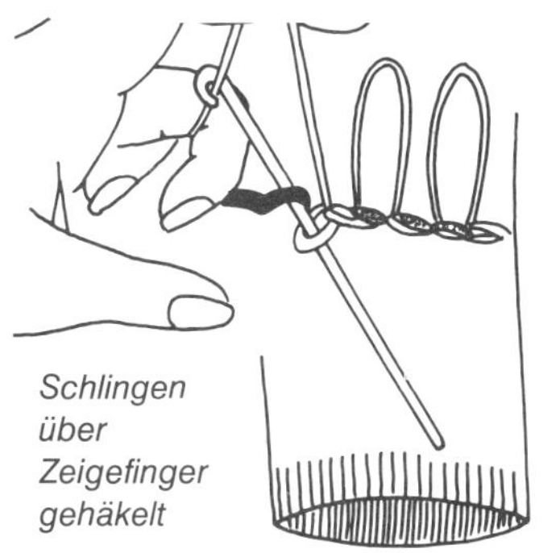

Schlingen über Zeigefinger gehäkelt

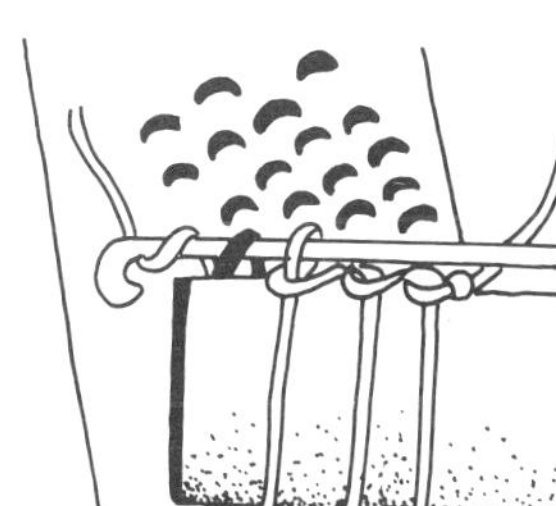

Schlingen über Pappstreifen an das dahinterliegende Teil gehäkelt

Abkürzungen in den Arbeitsanleitungen:

Abbildung	Abb.
Doppelstäbchen	D'Stb.
feste Maschen	f.Ma.
halbe Stäbchen	h.Stb.
links	l.
Luftmasche -n	Lftm.
Masche -n	Ma.
Nadel -n	Na.
rechts	r.
Reihe -n	Rh.
Runde -n	Rd.
Stäbchen	Stb.
Wendeluftmasche -n	We-.Lftm.

Zu diesem Buch

Bei allen Arbeitsanleitungen setze ich die Grundbegriffe des Häkelns und Strickens voraus. Ich habe keine Firmen genannt, bei denen man die zu verarbeitende Wolle kaufen muß, damit Längen- und Breitenmaße mit Wollstärken übereinstimmen.
Man beachte deshalb da, wo es mir wichtig erschien, die zusätzlich angegebenen Zentimeterzahlen und genannten Nadelnummern!
Fast immer ist eine Schere, Stopfnadel, Sicherheitsnadel zur Reihenmarkierung, und ein Zentimetermaß nötig.
Alle Figuren passen gut auf eine normale Frauenhand. Will man nun diese oder jene Puppe für eine kleinere Hand arbeiten, so muß man eben dünnere Wolle wählen oder mit weniger Maschen stricken bzw. häkeln.
Diese Handpuppen bereiten übrigens nicht nur Kindern Freude; ich habe erlebt, wie ein sehr schüchterner Besucher plötzlich von der Sofalehne meine Schildkröte nahm, in sie „hineinschlüpfte", und damit bei seiner jungen Nachbarin zur linken Seite zarte Annäherungsversuche machte.

Gestrickter Hase

Benötigt wird:
Ca. 100 g weiße Schnellstrickwolle (oder mit mehreren Fäden „meliert" stricken),
2 kleine Augen-Knöpfe,
etwas Waschwatte zum Füllen von Ohrenspitzen, Vorderpfoten und vom Schwänzchen,
5 Stricknadeln Nr. 4

Hasenkörper (rundgestrickt):
27 Ma. aufschlagen und auf 3 Na. verteilen
1. Rd.: 3x9 Ma. *links* stricken.
2.–5. Rd. *und alle folgenden Rd. rechts* stricken.
6. Rd.: 3x10 Ma., d.h.: am Anfang jeder Na. 1 Ma. dazu aufstricken.
7.–10. Rd.: ohne Zunahmen.
11. Rd.: 3x11 Ma.
12.–15. Rd.: ohne Zunahmen.
16. Rd.: 3x12 Ma., diese 36 Ma. jetzt auf 4 Na. verteilen.
17.–20. Rd.: ohne Zunahmen.
21. Rd.: 4x10 Ma.
22.–25. Rd.: ohne Zunahmen.
26. Rd.: 4x11 Ma.
27.–30. Rd.: ohne Zunahmen.
31. Rd.: von hier ab und dann in jeder 3. Rd. am Anfang jeder Na. 2 Ma. zusammenstricken; dies geschieht solange, bis 4x8 Ma. auf den Nadeln sind.
Es folgen 11 Rd. ohne Abnahmen. Der Hasenkörper muß jetzt 20 cm lang sein. *Abb. 1!*
Die nächste Rd. mit 32 Ma. *links* abstricken, danach beginnt wieder mit *Rechtsmaschen* der Hasenkopf.

Hasenkopf (rundgestrickt):
1.–10. Rd.: 4x8 Ma.
11. Rd.: von der *1. Na.* 2 Ma. abstricken, 4 Ma. abketten, 1 Ma. abstricken; *2. und 3. Na.* je 8 Ma. abstricken; *4. Na.* 2 Ma. abstricken, 4 Ma. abketten, 1 Ma. abstricken.
12. Rd.: abstricken, aber über den abgeket-

teten Ma. wieder je 4 Ma. r. aufstricken oder aufhäkeln, so daß 4x8 Ma. auf den Nadeln vorhanden sind.

13. Rd.: 4x9 Ma.

14.–20. Rd.: ohne Zunahmen.

In die beiden „Löcher“ werden später die Ohren eingenäht! *Abb. 1!*

Abb. 1

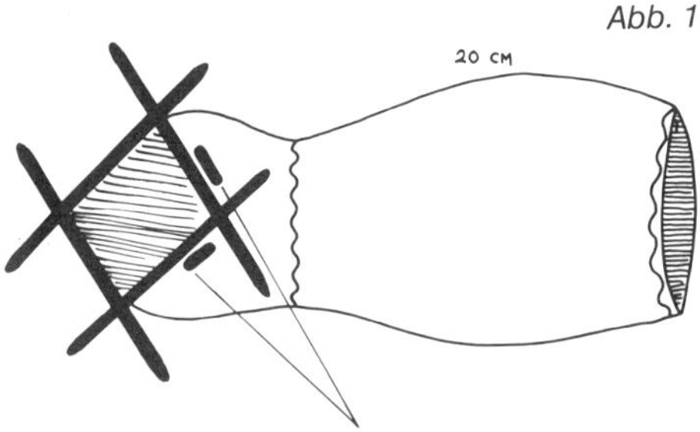

21.–23. Rd.: am Anfang jeder Na. 2 Ma. zusammenstricken.

22.–24. Rd.: am Ende jeder Na. 2 Ma. zusammenstricken.

25.–26. Rd.: ohne Abnahmen.

Den abgeschnittenen Strickfaden mit 1 Stopfnadel durch alle 20 Ma. führen, diese damit zusammenziehen und Faden zum Vernähen nach innen holen. Über das eben zusammengezogene kleine „Loch“ von rechts mit andersfarbiger Wolle das Hasenmäulchen mit 4 Querstichen aufsticken. *Abb. 2!*

Augen:

Die beiden Augen-Knöpfe 3 cm nach vorne hin von jeder Schlitzmitte entfernt annähen. *Abb. 2!*

Ohren:

Nach abgebildetem Zählmuster *(Abb. 4)* mit 2 Na. hin- und hergehend, 15 cm hoch, arbeiten.

Die 1. Ma. jeder Reihe wird nur abgehoben. Alle Rückreihen sind immer links, alle Hinreihen immer rechts zu stricken.

Bei meliert gestrickten Hasen sehen hellere Innenohren besser aus, die Außenohren dagegen lieber einfarbig dunkel gestrickt.

Das Innenohr auf das Außenohr – rechts auf rechts – legen und von der linken Seite zusammensteppen, dabei zieht man das innere Ohr beim Nähen etwas in die Breite

Abb. 2

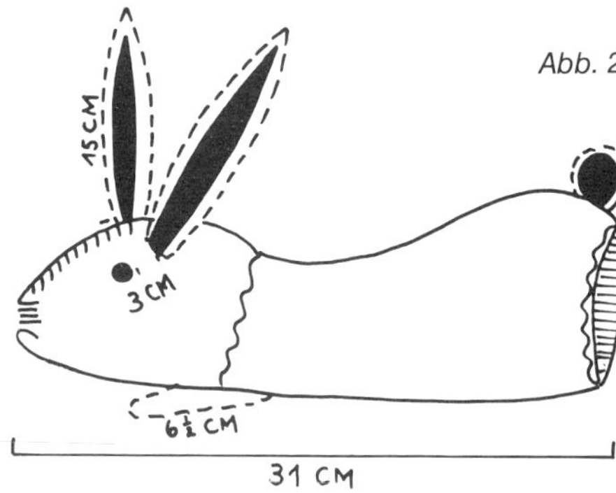

und Länge, weil es ja absichtlich schmaler gestrickt wurde.

Eventuell beide „Löffel“ vorher bügeln und dann so in die vorhandenen „Schlitze“ *ein-*, aber *nicht* aus Versehen *zunähen,* daß die Innenohren nach vorne gucken. *Abb. 2!*

Vorderpfoten (rundgestrickt):

3x4 Ma. in einfarbiger, dunkler Wolle (wie Außenohren) aufschlagen.

1.–5. Rd.: 12 Ma.

6. Rd.: am Anfang jeder Na. 2 Ma. zusammenstricken.

7.–15. Rd.: 9 Ma.

Strickfaden durch diese Ma. führen, sie zusammenziehen und den Faden zum Vernähen nach innen holen. Die Pfoten etwas ausstopfen, dann zunähen und am Unterkörper, unterhalb der Linksmaschenrunde, annähen. Der Pfotenabstand beträgt etwa 2 cm. *Abb. 2!*

Stummelschwänzchen (rundgestrickt):

3x4 Ma. in hellerer Wolle (wie Innenohren) aufschlagen.

1.–9. Rd.: 12 Ma.

Strickfaden durch alle Ma. führen, sie zusammenziehen, Faden zur 1. Rd. bringen. Nach dem Ausstopfen mit Watte den Schwanz am Körperende annähen.
Hand- und Fingerhaltung siehe *Abb. 4!*

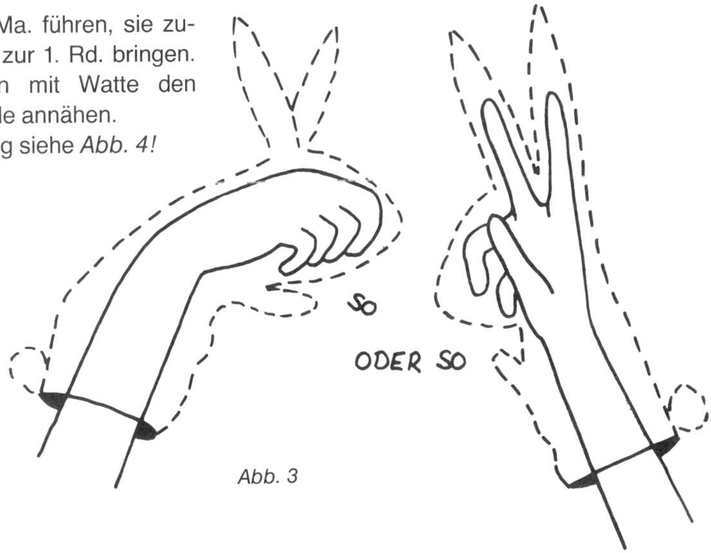

Abb. 3

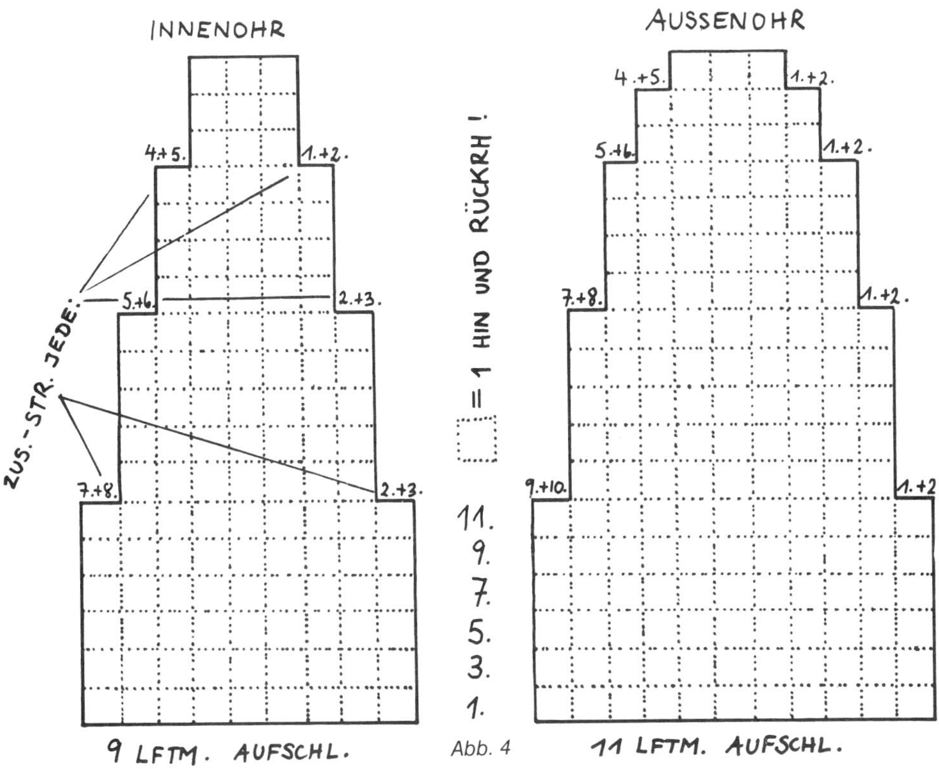

Abb. 4

Gestrickter Frosch

Benötigt wird:
Ca. 50 g mittelstarke, grüne Wolle
1 Rest rote und weiße Wolle
2 Fäden schwarze Wolle
2 mittelstarke Pappscheiben (Maulverstärkung)
etwas Waschwatte
1 Häkelnadel Nr. 3
5 Stricknadeln Nr. 3 und 4

Körper (rundgestrickt):
34 Ma. auf 4 Na. Nr. 4 *doppelfädig* aufschlagen: 2x8 Ma. und 2x9 Ma.
15 Rd. (8 cm!): Rechts/Linksmaschen.
13 Rd. (5 cm!): nur Rechtsmaschen.
Jetzt wird die Arbeit geteilt, wegen der seitlichen Froschbeinlöcher, in die Oberseite „A" und in die Unterseite „B".

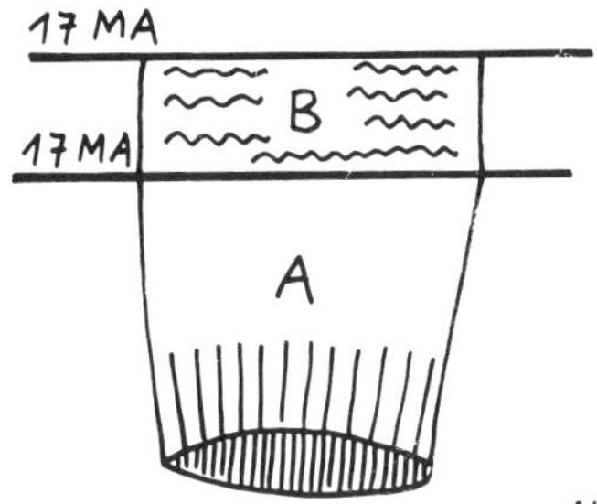

Abb. 5

Unterseite (mit 2 Na. gestrickt):
Es wird in rechten Hin- und linken Rückreihen gearbeitet, wobei die 1. Masche immer nur abgehoben wird.
1. Rh.: links zurückstricken.
2.–11. Rh.: hin- und hergehend stricken.

Oberseite „A" (mit 2 Na. gestrickt):
1. Rh.: rechts abstricken.
2.–18. Rh.: hin- und hergehend stricken.
Dann alle 34 Ma. wieder auf 4 Na. verteilen und 5 Rd. abstricken. *Abb. 5!*

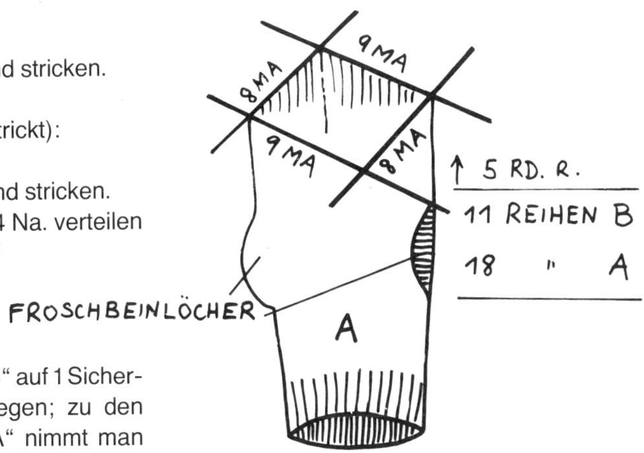

Die letzten 17 Ma. über Teil „B" auf 1 Sicherheitsnadel stecken und stillegen; zu den anderen 17 Ma. vom Teil „A" nimmt man mit der Stricknadel oder dem Häkelhaken noch weitere 15 Ma. dazu auf. *Abb. 6!*
Diese 32 Ma. auf 4 Na. wieder verteilen (4x8 Ma.). Es entsteht über Teil „A" der Oberkiefer – eine Art „Tasche", die unten offen und oben zu ist. *Abb. 6!*

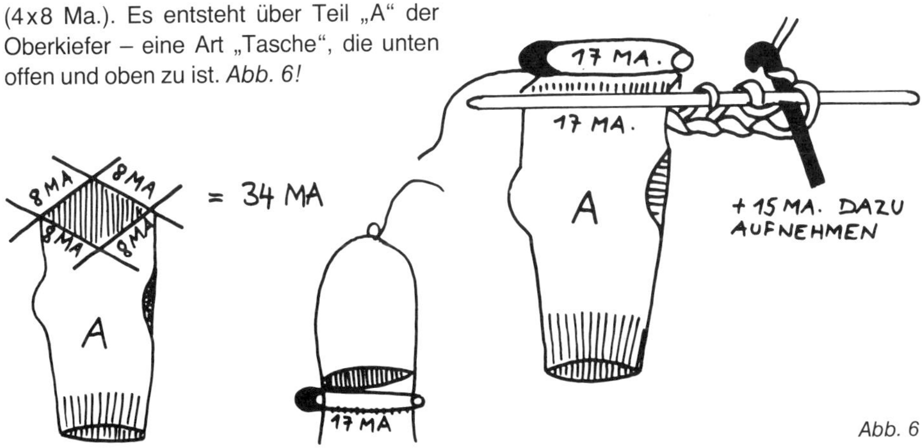

Abb. 6

Oberkiefer „C“ (rundgestrickt):
1.–5. Rd.: Rechtsmaschen.
6. Rd.: am Anfang jeder Na. 2 Ma. zusammenstricken.
7.–11. Rd.: 4x7 Ma.
12. Rd.: am Anfang jeder Na. 2 Ma. zusammenstricken.
13.–19. Rd.: 4x6 Ma.
20. Rd.: am Anfang jeder Na. 2 Ma. zusammenstricken.
21.–23. Rd.: 4x5 Ma., 4x4 Ma. und 4x3 Ma. Durch die restlichen 12 Ma. den Strickfaden ziehen und von links vernähen.

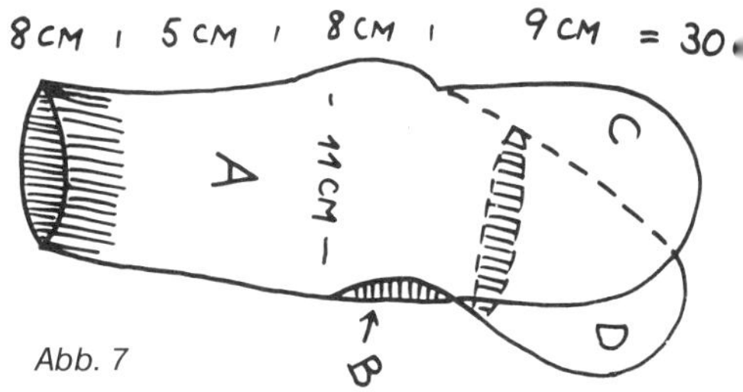

Abb. 7

Unterkiefer „D“ (rundgestrickt):
Die 17 Ma. von der Sicherheitsnadel auf 1 Stricknadel tun und rechts abstricken, weitere 15 Ma. dazu aufstricken; dann alle 32 Ma. auf 4 Na. verteilen und 1.–23. Runde wie Oberkiefer „C“ arbeiten. *Abb. 7!*
Die Arbeit auf links ziehen und die beiden inneren „Taschenteile“ zusammennähen und den Frosch wieder auf die rechte Seite wenden.

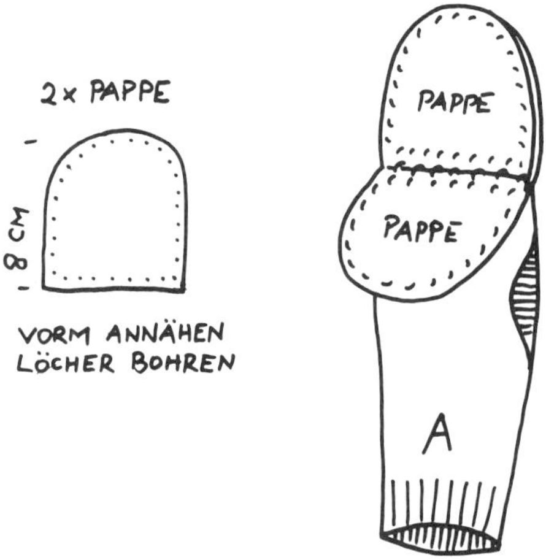

Abb. 8

Abb. 8 zeigt, daß man nun 2 Pappscheiben in angegebener Größe benötigt (die Scheiben sind 1/2 cm kleiner als die Strickteile „C“ und „D“). Diese Pappscheiben näht man an die Innenteile „C“ und „D“ an, aber nicht etwa durchnähen!

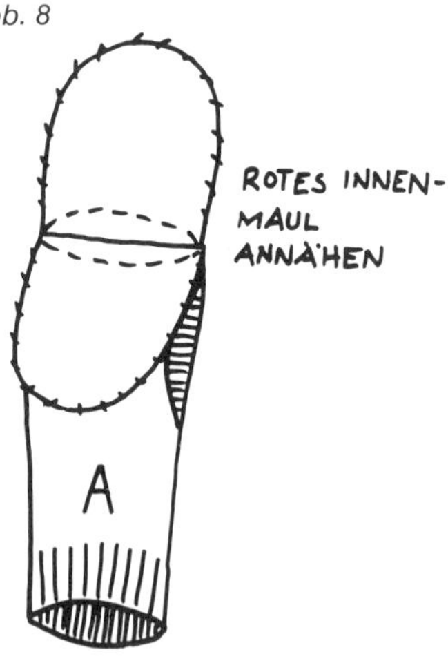

Innenmaul-Verkleidung
(mit 2 Na. gestrickt):
Mit doppeltem roten Faden 9 Ma. auf Na. Nr. 4 aufschlagen:
1. Rh.: links zurückstricken.
2. Rh.: am Anfang und Ende 1 Ma. dazu aufstricken.
3.–5. Rh.: 11 Ma.
6. Rh.: am Anfang und Ende 1 Ma. dazu aufstricken.
7.–13. Rh.: 13 Ma.
14. Rh.: am Anfang und Ende 1 Ma. dazu aufstricken.

15.–19. Rh.: 15 Ma.
20. Rh.: am Anfang und Ende 1 Ma. dazu aufstricken.
21. Rh.: 17 Ma.
22. Rh.: von hier ab gegengleich arbeiten.
Dieses Zungenteil ringsherum von der rechten Seite ins Froschmaul einnähen. *Abb. 8!*

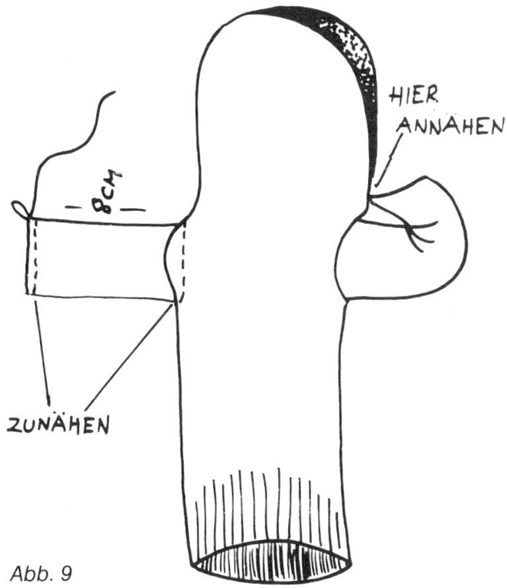

Abb. 9

Froschbeine (rundgestrickt):
Mit einfachem Faden und Nadeln Nr. 3 strickt man jetzt aus jedem Vorderbeinschlitz 3x7 Ma. heraus. Mit diesen 21 Ma. 25 Rd. rechts stricken, dann abketten und die obere und die Anfangsöffnung von rechts unsichtbar zunähen. Da, wo Ober- und Unterkiefer außen sichtbar zusammentreffen, näht man mit einem Stich die Beinenden rechts und links an. *Abb. 9!*

Augen:
Man *häkelt* zunächst mit weißer Wolle eine 10 Pfennig große Scheibe:
3 Lftm., in die 1. Lftm. 12 Stb. häkeln und den Kreis mit 1 Kettma. schließen, Faden vernähen; dann mit einfädiger, grüner Wolle 3x5 Ma. auf Na. Nr. 3 aus dem weißen Scheibenrand aufnehmen und mit Rechtsmaschen 8 Runden hoch stricken. Mit Watte oder Wollfädenresten jedes Augenteil ausstopfen, mit 1 Stopfnadel das Fadenende durch alle 15 Ma. führen, diese zusammenziehen und die Augen an die Mauloberseite *an-,* aber *nicht durchnähen,* denn 4 Spielerfinger müssen im Oberteil gut Platz haben. Der Daumen kommt beim Bewegungsspiel ins untere Maulteil.
Die weißen Augenteile werden zum Schluß mit ein paar schwarzen Längsstichen überstickt. *Abb. 10!*
Es ist, als ob unser Frosch mit seinen traurigen Kulleraugen nun sagen wollte: „Komm, mach mich mit Deiner Hand lebendig!“

Abb. 10
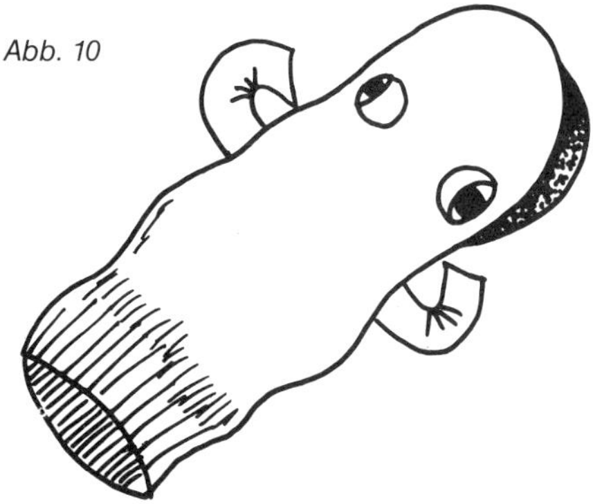

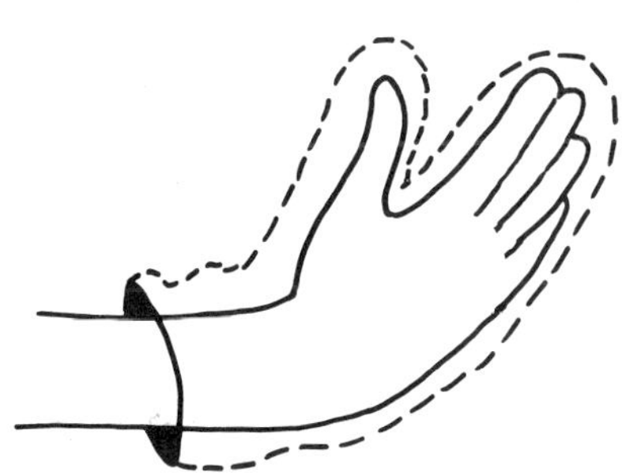

Gestrickte Schildkröte für die rechte Hand

Benötigt wird:
Ca. 70 g mittelstarke, braun/beigemelierte Wolle
ca. 25 g dicke, weiche, braune Wolle
ca. 25 g dicke, weiche, beige Wolle
2 schwarze und weiße Wollfäden für die Augen
Waschwatte zum Füllen von Kopf und Panzer
5 Stricknadeln Nr. 3
2 Stricknadeln Nr. 4
evtl. 1 Rundnadel Nr. 3–4

Unterkörper
(bestehend aus 1 „Handschuh")
32 Ma. auf 4 Na. Nr. 3 mit melierter Wolle aufschlagen: 8x4 Ma.
15 Rd.: Rechts/Linksmaschen.
15 Rd.: nur Rechtsmaschen – und alle folgenden Rd.!
1 Sicherheitsnadel in die letzte Rd. stecken und nächste Rd. als „1" zählen.
1. Rd.: von der 1. Na. die ersten 5 Ma. mit einem andersfarbigen Faden abstricken und dann diese 5 Ma. wieder zurück auf die 1. Na. stecken (späteres Daumenloch).
2.–13 Rd.: 4x8 Ma.
14. Rd.: 12 Ma. abstricken, die folgenden 10 Ma. auf 2 Sicherheitsnadeln nehmen. *Abb. 11!*

Hals:
1.–20. Rd.: 22 Ma. (2x6 Ma. und 2x5 Ma.).
21. Rd.: auf die beiden Na. mit 5 Ma. noch je 1 Ma. dazu aufstricken. Mit 1 Sicherheitsnadel nächste Rd. markieren! *Abb. 11!*

Kopf:
1.–10. Rd.: 4x6 Ma.
11., 13. und 15. Rd.: am Anfang jeder Na. 2 Ma. zusammenstricken.
12. und 14. Rd.: ohne Abnahmen.
16. Rd.: mit 1 Stopfnadel den Strickfaden

Abb. 11

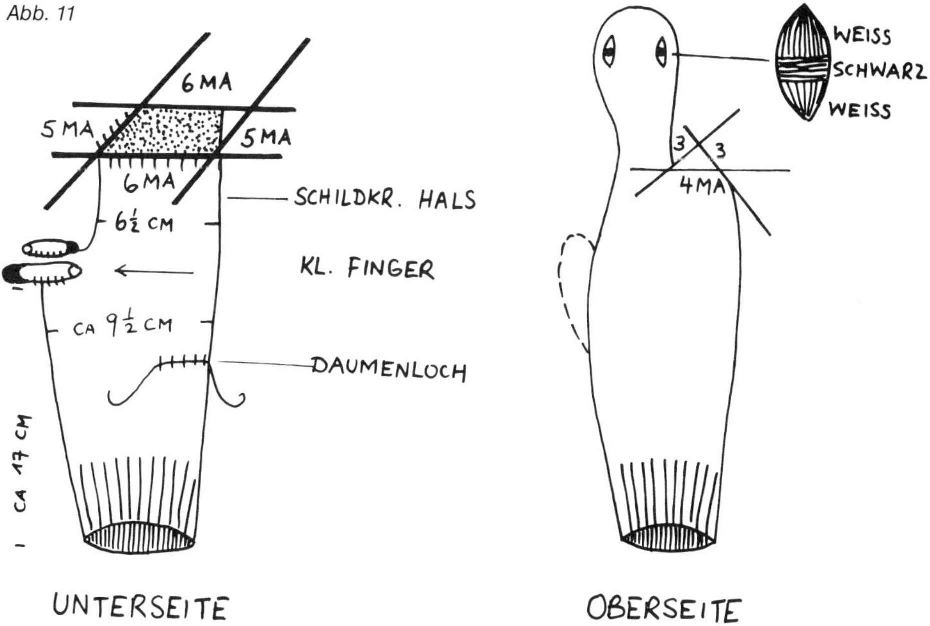

durch alle 12 Ma. führen, Schildkrötenkopf mit Watte füllen, Ma. zusammenziehen und Faden zum Vernähen nach innen holen.

Augen (aufgestickt):
Mit weißer und schwarzer Wolle die beiden Augen, wie *Abb. 11* zeigt, aufsticken.

Daumen:
Vorsichtig den andersfarbigen Faden aus dem Daumenloch entfernen und daraus 15 Ma. auf 3 Na. verteilt aufnehmen:
1.–10. Rd.: 3x5 Ma.
11. Rd.: am Anfang jeder Na. 2 Ma. zusammenstricken.
12. Rd.: ohne Abnahmen.
13.–14. Rd.: am Anfang jeder Na. 2 Ma. zusammenstricken.
15. Rd.: Die restlichen 6 Ma. mit der Stopfnadel zusammenziehen und Faden zum Vernähen nach innen holen.

Kleiner Finger:
Die 2 Sicherheitsnadeln *(Abb. 11)* entfernen und die 10 Ma. auf 3 Na. verteilen: 3x3 Ma. und 1x4 Ma. Auf die beiden Na. mit je 3 Ma. noch je 1 Ma. aus dem Loch dazu aufstricken, so daß man mit 3x4 Ma. die nächsten 12 Rd. weiterstricken kann.
Dann die ersten beiden Ma. jeder Na. in den folgenden Rd. solange zusammenstrikken, bis nur noch 6 Ma. im ganzen übrig sind.
Mit der Stopfnadel alle Ma. zusammenziehen und den Faden zum Vernähen nach innen holen.

Schildkrötenpanzer
(mit 2 Farben gestrickt)
Mit 2 Na. Nr. 4 werden jetzt 13 Ma. mit brauner Wolle aufgeschlagen und in Reihen nach *Zählmuster, Abb. 12,* gearbeitet.
Die 1. Ma. jeder Rh. stets nur abheben!
Die Rückrh. immer links abstricken, so wie sie in der Farbe erscheinen! (Beim Farben-

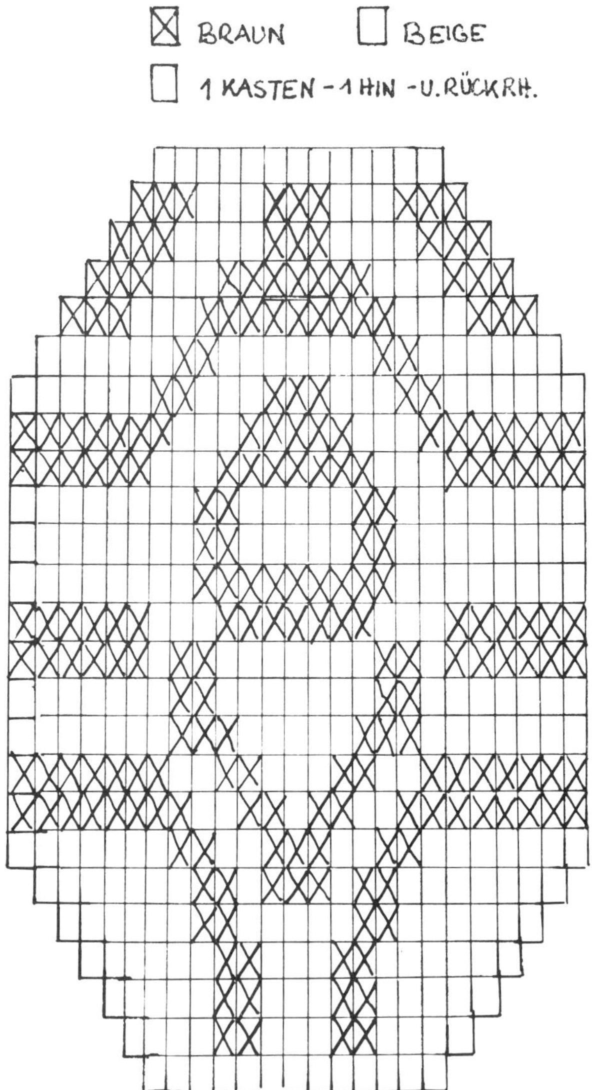

Abb. 12

Abb. 13

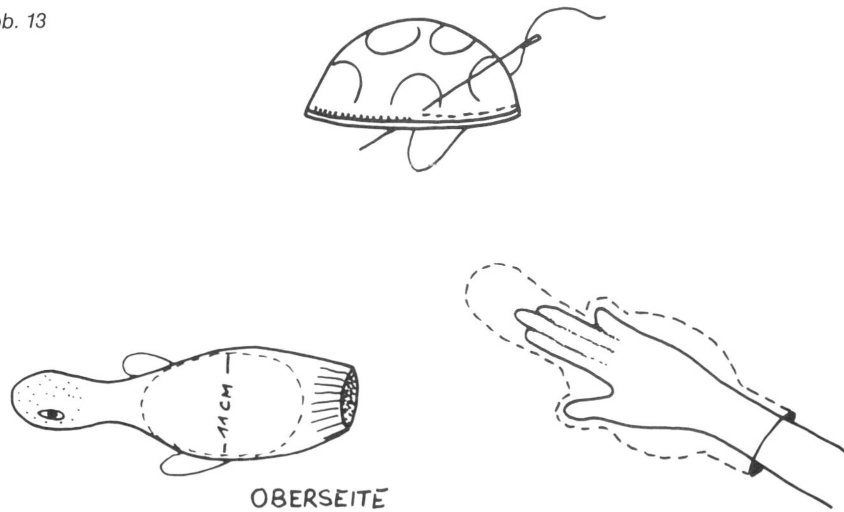

wechsel darauf achten, daß keine Stricklöcher entstehen; deshalb: beide Wollfäden vor dem Abstricken einmal miteinander verschlingen!) Fertige Panzerplatte mit feuchtem Tuch vorsichtig bügeln und dann aus dem Rand mit Na. Nr. 3, oder 1 Rundstricknadel, 80 Ma. mit melierter Wolle herausstricken.

1.–4. Rd.: Rechtsmaschen.

5. Rd.: im Wechsel: 2 Ma. zusammenstrikken, 1 Umschlag.

6. Rd.: wieder mit 80 Ma. r. stricken, dabei aus jedem Umschlag 1 Ma. herausstricken.

7.–10. Rd.: Rechtsmaschen.

11. Rd.: von jeder Na. die 15. und 16. Ma. zusammenstricken.

12. Rd.: ohne Abnahmen.

13. Rd.: die 14. und 15. Ma. jeder Na. zusammenstricken.

In den folgenden Rd. die 13. und 14. Ma., die 11. und 12. Ma. usw. auf jeder Na. zusammenstricken, bis nur noch 20 Ma. übrig sind.

Jetzt wird der Panzer mit Waschwatte ausgestopft, dann das Fadenende durch die restlichen Ma. geführt zum Zusammenziehen; Faden gleich vernähen.

Mit großen, unsichtbaren Stichen den äußeren Rand durchnähen, damit er „platter" wird. *Abb. 13!*

Wenn man will, kann man nun noch das Muster auf dem Panzer mit brauner oder melierter Wolle umsticken (Stielstich), damit es plastischer wirkt.

Wie *Abb. 13* zeigt, wird der ausgestopfte Panzer nur oberhalb an den „Handschuh" angenäht (punktierte Linie).

Wenn man Zeige-, Mittel- und Ringfinger im Schildkrötenhals zuerst nach unten stemmt, dann den Handrücken nach oben und gleichzeitig nach vorne drückt, wieder auf den Tisch herunterfallen läßt, die 3 Finger im Halsinneren ein Stückchen weiter nach vorne aufsetzt, erzielt man den typischen Schildkrötengang.

Natürlich kann unser Tier auch majestätisch den Kopf nur nach oben heben; wenn man den Mittelfinger kurz nach unten drückt, sieht es aus, als ob es schluckt.

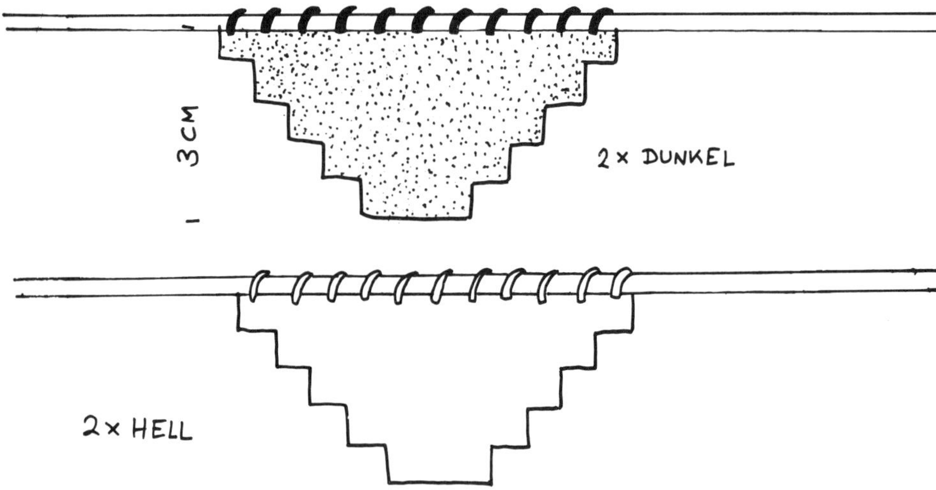

Abb. 14

„Kraus"-gestrickter Fisch

Benötigt wird:
Ca. 65 g dicke, harte, dunkle Wolle
ca. 65 g dicke, harte, helle Wolle
1 Rest rosa oder rote, dünne Wolle (Maul)
2 Fäden schwarze und weiße Wolle (Augen)
2 kleine Pappscheiben (Innenmaulverstärkung)
etwas Waschwatte (Kopffüllung)
5 Stricknadeln Nr. 4
1 Häkelhaken Nr. 3

Schwanz:
Man strickt hin- und hergehend mit nur r. Ma. 2 helle und 2 dunkle „Dreiecke"; *Abb. 14:* 3 Ma. aufschlagen, 3 Ma. abstricken; dann am Anfang jeder Na. 1 Ma. dazu aufstricken, bis 11 Ma. auf der Na. sind.
Mit diesen 44 Ma. wird jetzt rundgestrickt. 6 Rd. im „Perlmuster", d. h.: 1 Ma. r., 1 Ma. l. versetzt in jeder Rd.
6 Rd. Rechts/Linksmaschen. *Abb. 15!*
Die Arbeit wird nun getrennt in Ober- und Unterteil. Man arbeitet mit 2 Na. weiter.

Oberteil (jede 2. Rh. ist Farbwechsel):
1.–2. Rh.: kraus stricken.
3. Rh.: am Anfang und Ende 1 Ma. dazu aufstricken.
Wie *Abb. 16* zeigt, muß man noch in Abständen von ca. 3 cm an jeder Seite in den Hinrh. 3x1 Ma. dazu aufstricken und außerdem noch 3x2 Ma. an jeder Seite zusammenstricken.

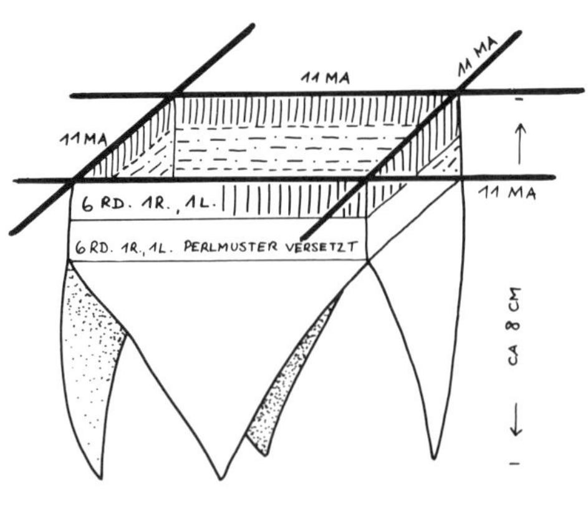

Abb. 15

Die *Zeichnung* macht deutlich, wann die 14. und 15. Ma. und die 13. und 14. Ma. zusammengestrickt werden sollen.
Nachdem 28 cm erreicht worden sind, hat man noch 20 Ma. auf der Nadel.

Unterteil:
Wie Oberteil stricken, bis ebenfalls 20 Ma. auf der Nadel sind.

Oberes Fischmaul (helle Wolle):
Jetzt nimmt man 12 Ma. von der Vorderseite und 12 Ma. von der hinteren Seite auf eine Na. Die genaue Mitte mit 1 Sicherheitsnadel markieren!
1.–4. Rh.: kraus stricken mit 24 Ma.
Nun in jeder Hinrh. in der Mitte 2x2 Ma. hintereinander zusammenstricken und zwar solange, bis nur noch 4 Ma. übrig sind; diese abketten und den Strickfaden vernähen. *Abb. 17!*

Abb. 16

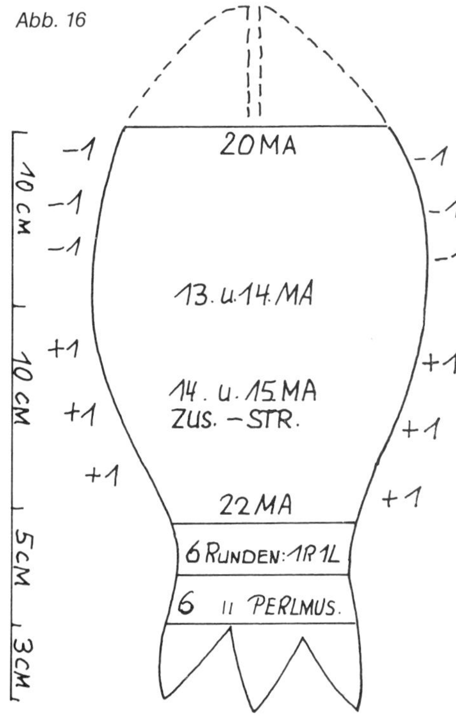

Abb. 17

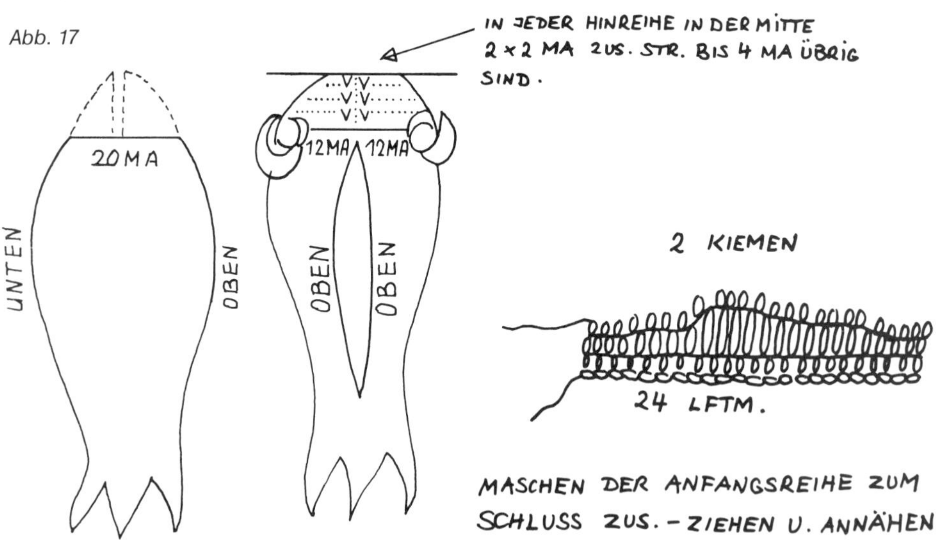

Abb. 18

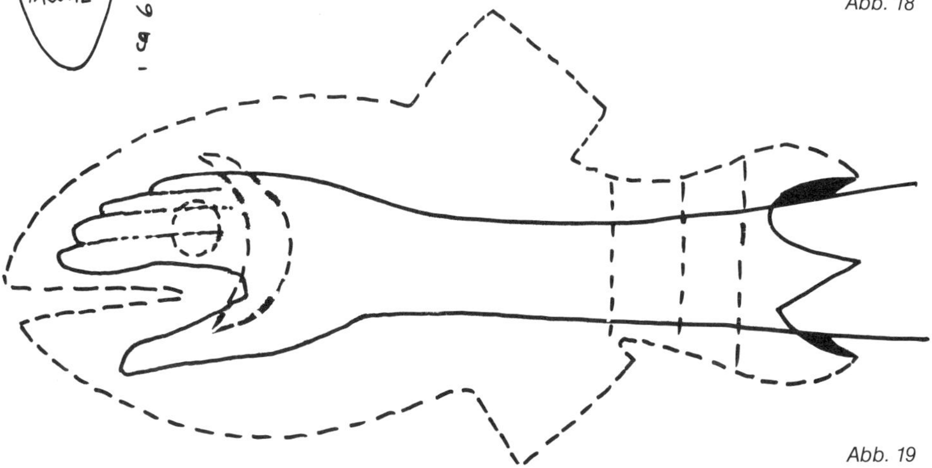

Abb. 19

Unteres Fischmaul (dunkle Wolle):
Die restlichen 2x8 Ma. auf eine Na. nehmen und wie oberes Maul zu Ende stricken.

Kiemen (in heller Wolle gehäkelt):
24 Lftm. häkeln und 23 f.Ma. daraufsetzen; dann: 1 Lftm., 3 f.Ma. 4 h.Stb., 4 D'Stb., 4 Stb., 4 h.Stb. und 4 f.Ma., 1 Lftm.
Letzte Rh.: 23 f.Ma. *Abb. 17!*

2 Seitenflossen (mit 2 Na. gestrickt):
Mit 21 aufgeschlagenen Ma. 6 cm hoch in Rechts/Linksmaschen stricken (einfarbig oder abwechselnd 1 dunkle, 1 helle Ma.).
Beide Flossen näht man erst extra an eine Fischplatte an *(Abb. 19)* und dann näht man von der rechten Seite mit unsichtbaren Stichen beide Hälften zusammen.

2 Augen (gehäkelt):
Mit weißer Wolle 3 Lftm. häkeln, in die 1. Lftm. 9 Stb. häkeln und den Kreis mit 1 Kettma. schließen.
Beide Augenscheiben *an-*, aber *nicht durch*nähen!
Mit schwarzer Wolle 2 Lftm. anschlagen und in die 1. Lftm. 6 f.Ma. häkeln, den Kreis mit 1 Kettma. schließen und auf die weiße Augenplatte aufnähen.
Die Kiemen können jetzt auch schon angenäht werden, nachdem sie vorher zum „Halbmond" zusammengezogen wurden.

Fischinnenmaul
(rundgestrickt oder rundgehäkelt)
Mit f.Ma. in rosa oder roter Wolle arbeitet man nun 2 sog. „Taschen". *Abb. 18!*

Gestrickt:
6 Ma. auf 3 Na. verteilen und je nach Wollstärke in jeder oder in jeder 2. Rd. am Anfang der 3 Na. 1 Ma. dazu aufstricken, bis 6 cm Breite und ca. 7 cm Länge erreicht worden sind.
Gehäkelt:
3 Lftm. häkeln, in die 1. Lftm. 6–9 Stb. – je nach Wollstärke – häkeln und den Kreis mit 1 Kettma. schließen und rundherum mit f.Ma. häkeln, dabei an verschiedenen Stellen in den einzelnen Rd. noch Ma. dazu häkeln, bis 6 cm Breite erreicht worden sind. Nach ca. 6 cm Länge ist die 1. „Tasche" fertig, nach ca. 7 cm Länge die 2. Tasche.
Die gestrickten Taschen zieht man dann ziemlich stramm über die einzelnen Pappstücke, näht sie erst zu und dann aneinander, wie *Abb. 18* zeigt.
Das ganze Fischmaul wird von rechts rundherum mit kleinen Stichen eingenäht.
In die obere und untere Maulspitze stopft man etwas Waschwatte.

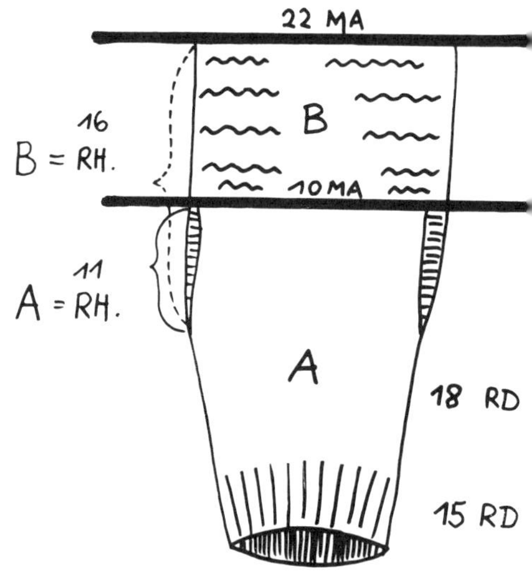

Abb. 20

Gestrickter Hund

Benötigt wird:
Ca. 100 g dicke, weiche, braunmelierte Wolle
1 Rest dünne, beige oder weiße Wolle
1 kleiner Rest dünne, schwarze Wolle
etwas Waschwatte für Kopf- und Schwanzfüllung
1 leere Toilettenpapier-Pappinnenrolle
5 Stricknadeln Nr. 4
1 Häkelnadel Nr. 2–3

Körper (rundgestrickt):
32 Ma. auf 4 Na. aufschlagen.
15 Rd.: Rechts/Linksmaschen.
15 Rd.: Rechtsmaschen.
Danach wird die Arbeit wegen der Vorderpfotenschlitze geteilt in Vorderteil „A" und in Rückenteil „B".
Beides strickt man getrennt in Reihen, hin- und hergehend.
Die 1. Ma. immer nur abheben und die Rückreihen stets links abstricken. *Abb. 20!*
Vorderteil „A" mit 10 Ma. 11 Rh. hoch stricken.
Rückenteil „B" mit 22 Ma. 16 Rh. hoch stricken.
Vorder- und Rückenteil dann auf *3 Na.* fassen und 6 *Runden* rechts stricken.
1. Nadel hat 10 Ma.
2. Nadel hat 11 Ma.
3. Nadel hat 11 Ma.

Schultern (Rechtsmaschen):
Am Anfang der beiden Nadeln mit 11 Ma. 2 Ma. zusammenstricken; dann in *jeder* weiteren Rd. anfangs 2 Ma. zusammenstricken, bis nur noch 6 Ma. auf jeder Na. sind.

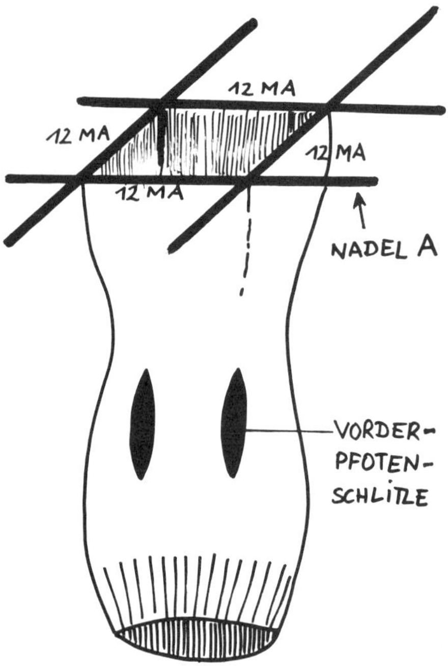

Abb. 21

Hals:
2 Rd. ohne Abnahmen r. stricken.

Kopf (Rechtsmaschen):
Mit den vorhandenen 18 Ma. auf 3 Na. weiter rundstricken, dabei am Anfang jeder Rd. 1 Ma. dazu aufstricken, bis 3x8 Ma. vorhanden sind. Diese 24 Ma. jetzt auf **4 Na.** verteilen. Weiter am Anfang jeder Na. und Rd. 1 Ma. dazu aufstricken, bis 4x12 Ma. zu zählen sind. *Abb. 21!*
Mit diesen 48 Ma. 9 Rd. ohne Zunahmen stricken.
Ab 10. Rd. strickt man am Anfang und Ende der *Nadel „A", siehe Abb. 21,* solange 2 Ma. zusammen in den folgenden Rd., bis auf der Na. „A" nur noch 4 Ma. übrig sind.
Die verbliebenen 40 Ma. verteilt man gleichmäßig auf alle 4 Nadeln.
Jetzt werden am Anfang *jeder Na. und Rd.* 2 Ma. zusammengestrickt, bis nur noch 8 Ma. im ganzen verblieben sind.
Faden mit der Stopfnadel durch alle Ma. führen, diese zusammenziehen und den Faden zum Vernähen nach innen holen.
Den Kopf mit Waschwatte ausstopfen und „in Form" drücken; die Papprolle bis oben in den Kopf hineinschieben und etwa 3 cm aus dem Hundehals herausragen lassen.

Vorderbeine
(Rechtsma. mit 3 Na. rundgestrickt):
Aus dem rechten und linken Beinschlitz je 18 Ma. aufnehmen:
1.–6. Rd.: 3x6 Ma.
7. Rd.: am Anfang jeder Na. 2 Ma. zusammenstricken = 3x5 Ma.
8.–12. Rd.: 3x4 Ma.
13.–16. Rd.: 3x3 Ma.
17. Rd.: Strickfaden durch alle 9 Ma. führen, diese zusammenstricken und Faden zum Vernähen nach innen holen.

Augen:
Mit hellbeiger oder weißer Wolle 3 Lftm. häkeln und in die 1. Lftm. – je nach Wollstärke – 13–15 Stb. häkeln, Kreis mit 1 Kettmasche schließen und „Scheibe" an den Kopf annähen.
Mit schwarzer Wolle wird die „Blickrichtung" aufgestickt. Siehe Foto! Man kann natürlich auch 2 Augen-Knöpfe annähen.

Ohren
(kraus gestrickt nach *Zählmuster Abb. 22*):
6 Ma. auf 2 Na. aufschlagen und hin- und hergehend mit nur Rechtsma. stricken, dabei die 1. Ma. stets *rechts* abheben, damit an den Seitenrändern „Knötchen" entstehen.
Zu- und Abnahmen erfolgen *nur* in den Hinreihen und zwar am Anfang die 2. und 3. Ma., am Ende die drittletzte und vorletzte Ma. zusammenstricken!

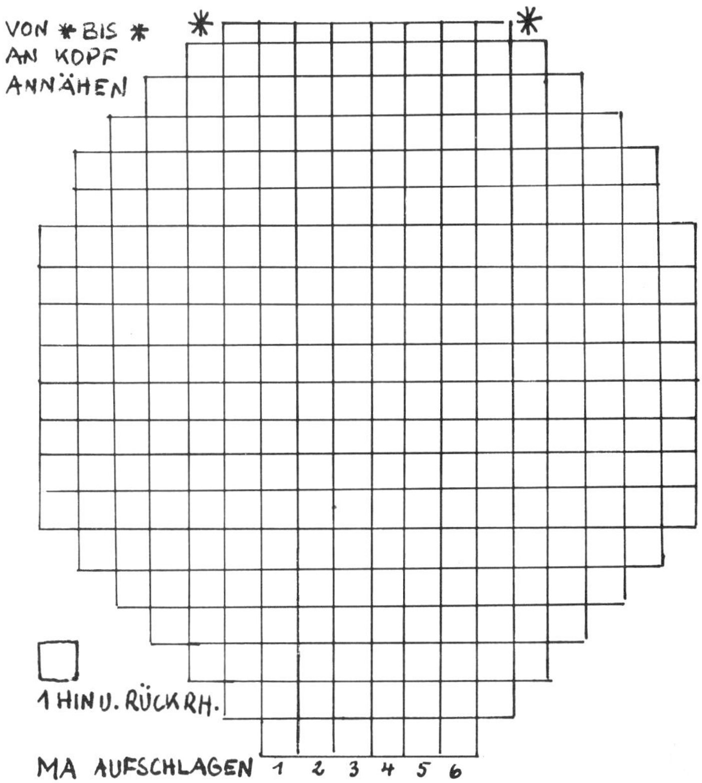

Abb. 22

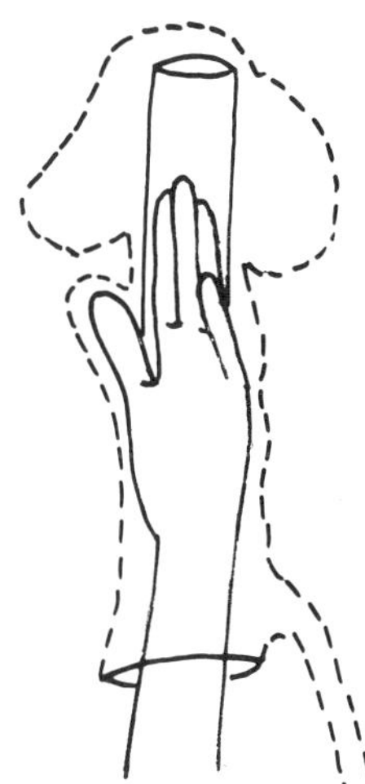

Abb. 23

Schwanz
(Rechtsma. mit 3 Na. rundgestrickt):
Mit 3x4 Ma. einen 15 cm langen Schlauch stricken, dann alle 12 Ma. mit dem Strickfaden zusammenziehen, Faden nach innen holen und den Schwanz mit Waschwatte ausstopfen; man näht ihn in der hinteren Mitte, unten, über dem Rechts/Linksmaschenrand, an. *Abb. 23!*
„Wau, wau!! Ich bin lebendig und heiße: Kasimir!"

Gestrickter Pongo pygmaeus (Menschenaffe) und Grimassenschneider

Benötigt wird:
Ca. 50 g gesichtsfarbene Wolle
1 Rest feste, harte, rote Wolle für den Mund
bunte Wollreste für Grimassenschneider
1 Faden reißfestes Garn
2 mittelgroße, weiße Wäscheknöpfe
2 kleine, dunkle Augen-Knöpfe
haarfarbene Wolle oder Fellreste
Waschwatte zur Kopf- und Nasenfüllung
5 Stricknadeln Nr. 3

Pongo und Grimassenschneider werden bis auf den Hals in Rechtsmaschen gearbeitet.

Kopf (gesichtsfarbene Wolle):
6 Ma. auf *3 Na.* aufschlagen und dann solange die 1. Ma. jeder Na. verdoppeln, bis 3x8 Ma. vorhanden sind; diese 24 Ma. auf *4 Na.* verteilen (4x6 Ma.) und wieder die 1. Ma. jeder Na. verdoppeln, bis 4x12 Ma. auf den Na. sind. Mit 48 Ma. 12 Rd. stricken; dann die ersten beiden Ma. jeder Na. zusammenstricken = 44 Ma., 3 Rd. darüberstricken und wieder die ersten beiden Ma. jeder Na. zusammenstricken = 40 Ma., 3 Rd. darüberstricken.

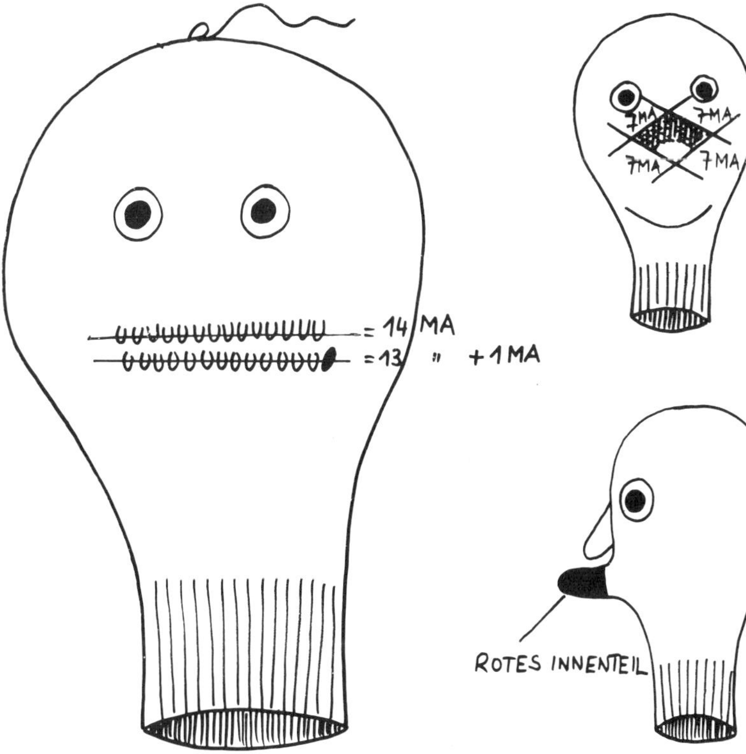

Abb. 24

Mundmarkierung:
3 Ma. abstricken, die folgenden 7 Ma. dieser Na. und die nächsten 7 Ma. der 2. Na. mit einem dunklen Faden abstricken, die restlichen 3 Ma. ungestrickt auf die 2. Na. nehmen.
Nun nimmt man mit einer „leeren" Stricknadel von der 1. Na. 3 ungestrickte Ma. ab und strickt über die dunklen Ma. hinweg die Rd. zu Ende.

Hals:
14 Rd. abstricken; dann die ersten beiden Ma. jeder Na. zusammenstricken = 36 Ma.

Beim *Pongo pygmaeus* strickt man bis zum Abketten mit 36 Ma. 25 Rd. weiter mit der gesichtsfarbenen Wolle in Rechts/Linksma. Beim *Grimassenschneiden* folgen 25 Rd. im bunten Farbenwechsel in Rechts/Linksma., wobei aus jeder 2. Ma. zwei Ma. herausgestrickt werden = 54 Ma.!

Mund:
Den dunklen Markierungsfaden vorsichtig entfernen und die 14 Ma. von der „Oberlippe" und die 13 Ma. von der „Unterlippe" plus 1 Ma. aus *einem* Mundwinkel dazu aufnehmen = 28 Ma. *Abb. 24!*

Diese 28 Ma. auf 4 Na. verteilen (4x7 Ma.):
1.–6. Rd.: abstricken.
7.–15. Rd.: mit *roter* Wolle abstricken.
16. Rd.: hier und in jeder nun folgenden Rd.: am Anfang der 1. und 3. Na. und am Ende der 2. und 4. Na. 2 Ma. zusammenstricken. Die letzten 4 Ma. zusammenziehen und Faden vernähen. Das eben gestrickte Mundinnenteil bis zur 1. roten Rd. in den Kopf hineinschieben.

Augen:
2 kleine, dunkle Knöpfe auf 2 große, weiße Wäscheknöpfe legen und beide zusammen an den Kopf rechts und links als Augen annähen.

Nase (rundgestrickt):
6 Ma. auf 3 Na. aufschlagen, die 1. Rd. abstricken und dann die 1. Ma. jeder Na. in jeder Rd. solange verdoppeln, bis 3x4 Ma. vorhanden sind; dann mit 12 Ma. 10 Rd. abstricken; abketten, Nase und Kopf mit Waschwatte ausstopfen.
Dem *Menschenaffen* stehen Fellreste gut zu Gesicht!
Dem *Grimassenschneider* näht man 18 cm lange Wollsträhnen als Haare an den Kopf an; eventuell eine Mütze für den Hinterkopf stricken und fest annähen.
Mit beiden Figuren lassen sich durch Bewegungen der Spielfinger innerhalb des Kopfes herrliche Grimassen schneiden; sogar die Zunge kann herausgestreckt werden!
Fingerhaltung siehe *Abb. 25!*

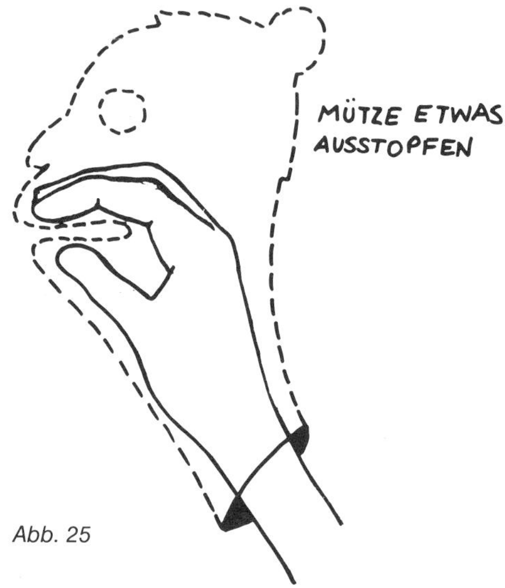

Abb. 25

„Kraus"-gestrickter Elefant

Benötigt wird:
Ca. 120 g mittelstarke, graue Wolle
1 alter Perlonseidenstrumpf
2 kleine, dunkle Augen-Knöpfe
Waschwatte zum Füllen von Körper und Rüssel
5 Stricknadeln Nr. 4
1 Häkelnadel Nr. 3

Körper:
60 Ma. aufschlagen und 12 cm hin- und hergehend *nur rechts* stricken. 1. Ma. stets abheben! Nach 12 cm eine Sicherheitsnadel auf der Vorderseite nach der 30. Ma. wegen Markierung der Mitte einstecken.
Von jetzt ab in jeder Hinreihe die beiden letzten Ma. *vor* und die beiden ersten Ma. *nach* der Sicherheitsnadel zusammenstricken. Nach 21 cm (an den Seiten gemessen!) die Arbeit zur Hälfte zusammenlegen – links auf links – es sind 2x15 Ma.! *Abb. 26!*
Die 1. Ma. von der hinteren Na. mit einer Abstricknadel abheben und dann immer durch 2 Ma. zugleich diese Abstricknadel stecken (durch die 1. Ma. der vorderen Na. und durch die 1. Ma. der hinteren Na.) und r. abstricken und abketten; Faden abschneiden und vernähen.
Wie *Abb. 26* zeigt, näht man nun 7 cm von der großen Öffnung zu.

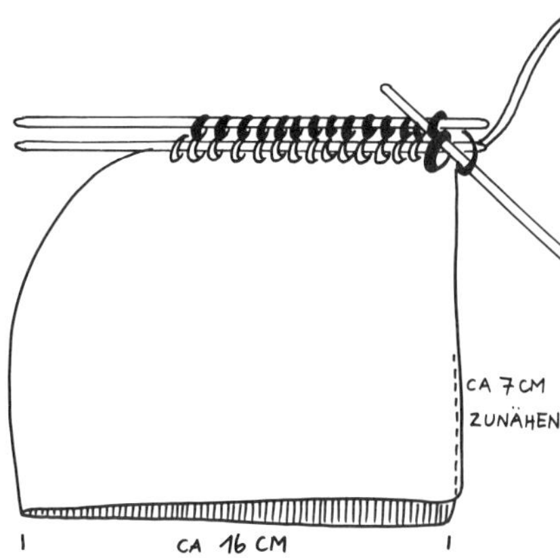

Abb. 26

Unteres Maul (Rechtsmaschen):
10 Ma. auf 1 Na. aufschlagen; dann werden auf 2 Na. je 10 Ma. aus den beiden Seiten rechts und links über der eben zugenähten Naht herausgestrickt. *Abb. 27*!
1.–5. Rd.: 3x10 Ma.
6. Rd.: 3x9 Ma., d.h. am Anfang jeder Na. 2 Ma. zusammenstricken.
7.–9. Rd.: 3x9 Ma.
10. Rd.: von hier an in *jeder* 2. Rd. am Anfang jeder Na. 2 Ma. zusammenstricken, bis 3x3 Ma. vorhanden sind.

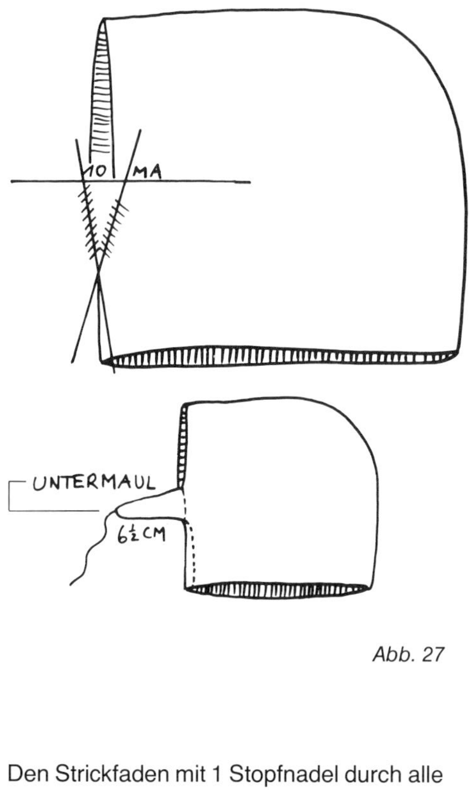

Abb. 27

Den Strickfaden mit 1 Stopfnadel durch alle 9 Ma. führen, diese zusammenziehen und Faden zum Vernähen nach innen holen.

Kopf (abwechselnd rechte und linke Rd.):
1. Rd.: aus der *ganzen* Kopföffnung 52 Ma. auf 4 Na. herausstricken (4x13 Ma.). In der Mitte vom Untermaul mit dem Maschenaufnehmen beginnen!
2. Rd.: 4x13 Ma. links.
3. Rd.: 4x13 Ma. rechts.
4. Rd.: 4x13 Ma. links.
5. Rd.: von hier ab und in jeder folgenden Rechtsrd. am *Ende der 2. Na.* und *am Anfang der 3. Na.* 2 Ma. zusammenstricken, solange bis in einer *Linksrd.* je 5 Ma. auf *diesen* Nadeln sind.

Rüssel (Rechtsmaschen):
Alle 36 Ma. auf *3 Na.* verteilen:
1. Rd.: 3x12 Ma.
2. Rd.: am Anfang jeder Na. 2 Ma. zusammenstricken = 33 Ma.
3. Rd.: 3x11 Ma.
4. Rd.: von hier ab in *jeder 2. Rd.* 2 Ma. zusammenstricken, bis 3x4 Ma. auf den Nadeln sind.
Es folgt ausnahmsweise eine *Linksrunde!* 18½ cm strickt man jetzt mit 3x4 Ma. r. weiter. Den Strickfaden mit 1 Stopfnadel durch alle 12 Ma. führen, diese zusammen-

ziehen und Faden zum Vernähen nach innen holen.

Nach *Abb. 28* einen Extrafaden durch die untere Kopfmitte ziehen (von der letzten Linksrd. bis zur nächsten Linksrd.!), damit der Rüssel besser herunterhangt.

Jetzt füllt man mit Watte einen Perlonstrumpf von Spitze bis Hacke und knotet ihn fest zu; Strumpfrest abschneiden. *Abb. 28!*

Man schiebt den gefüllten Strumpf in den Elefantenkopf bis zur letzten Linksrd. am Kopf hinein und näht die „Füllung" von der rechten Seite an die obere Naht an.

Augen:

2 kleine, dunkle Knöpfe an jeder Seite anbringen!

Schwanz (gehäkelt):

43 Lftm. häkeln und mit 35 f.Ma. zurückhäkeln; die letzten 7 Lftm. an den Körper, ca. 11 cm vom unteren Rand entfernt, annähen; Faden gleich vernähen.

2 Ohren (kraus-gestrickt mit 2 Na.):

Für ein Ohr 35 Ma. aufschlagen.

1.–16 Rh.: hin- und hergehend stricken, wobei die 1. Ma. immer nur abgehoben wird.

17. Rh.: die 2. und 3. Ma. und die 33. und 34. Ma. zusammenstricken.

18.–28. Rh.: 33 Ma.

29. Rh.: die 2. und 3. Ma. und die 31. und 32. Ma. zusammenstricken.

30.–34. Rh.: 31 Ma.

35. Rh.: von hier ab, in jeder 2. Rh., am Anfang und Ende je 1 Ma. weniger stricken.

Die letzten 13 Ma. sehr fest abketten und den Strickfaden durch diese 13 Ma. führen und fest anziehen, damit die Ohren nicht zu platt am Kopf anliegen; dann ziemlich hoch am Kopf die Ohren an beiden Seiten annähen. *Abb. 29!*

„„Ich wollt', ich wär' ein Elefant,
da wollt' ich jubeln laut –
mir ist's nicht drum zu tun ums Elfenbein,
nur um die dicke Haut!"

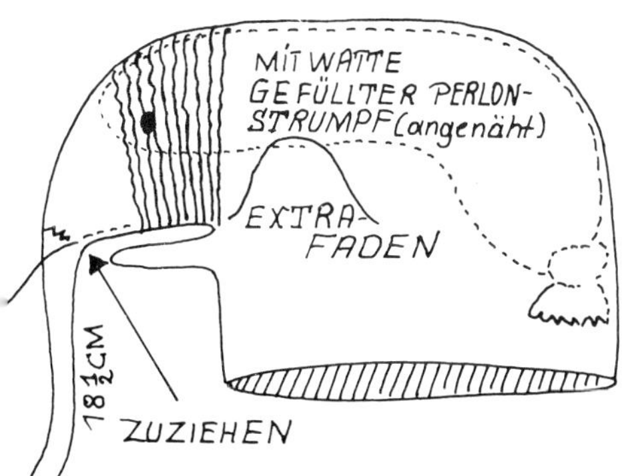

Abb. 28

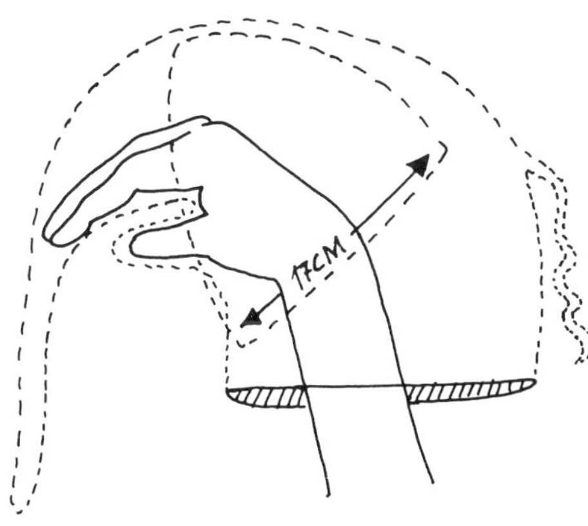

Abb. 29

Gehäkelte Katze

Benötigt wird:
Ca. 50 g schwarze, weiße oder melierte Mohairwolle
Waschwatte zum Füllen von Kopf und Hinterbeinen (evtl. für Rücken: „Lagen"-Watte)
1 leere Zigarettenpappschachtel
evtl. 2 kleine Augen-Knöpfe
1 Nähnadel mit Faden
1 Häkelnadel Nr. 3

Körper:
Man häkelt mit f.Ma. ein Viereck 24x24 cm.
39 Lftm. häkeln plus 1 We.-Lftm.:
1.–38. Rh.: 39 f.Ma. und 1 We.-Lftm.
39. Rh.: 14 f.Ma., 11 Lftm., dabei 11 Ma. der Vorreihe überspringen, 14 f.Ma.
40.–51. Rh.: 39 f.Ma. und 1 We.-Lftm.
Beachten Sie auch die Zentimeterzahlenangaben auf *Abb. 30!*
Jetzt werden alle 4 Ecken 2 cm gleichmäßig umgeschlagen und festgenäht; dies ist nun die linke Innenseite!
Die *Zeichnung, Abb. 30,* macht deutlich, wo das linke Hinterbein ab- bzw. zugenäht werden soll:
Man legt ✻ auf ✻ und näht beide Kanten von links zusammen. Die anderen 3 Ecken ebenso arbeiten.
Die hinteren Beine werden etwas ausgestopft, eventuell auch der Rücken mit etwas Lagenwatte unterlegt und mit losen Stichen an das Oberteil befestigt.
Damit die Hinterbeine nicht zu sehr auseinandergehen, hält man sie mit ein paar Stichen oben zusammen. *Abb. 31!*

Kopf:
Aus dem Schlitz wird der Katzenkopf mit 28 f.Ma. herausgehäkelt:
2.–3. Rd.: 30 f.Ma., dabei an beiden Seiten je 1 Ma. verdoppeln!
4.–5. Rd.: 32 f.Ma. – seitlich je 1 Ma. dazuhäkeln.

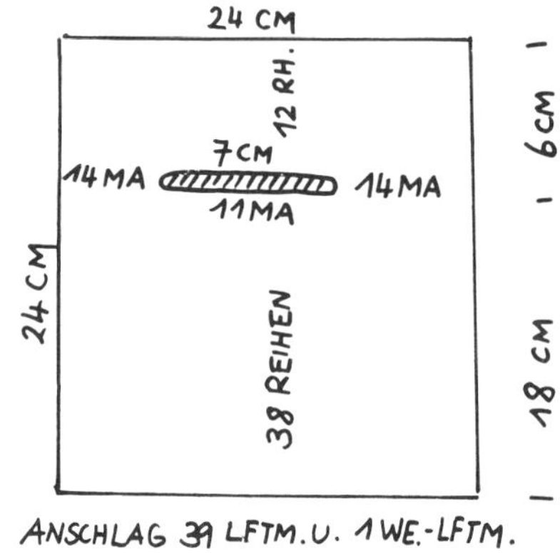

Abb. 30

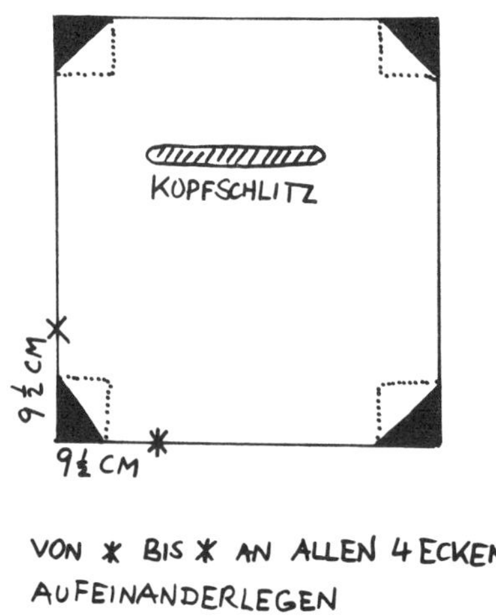

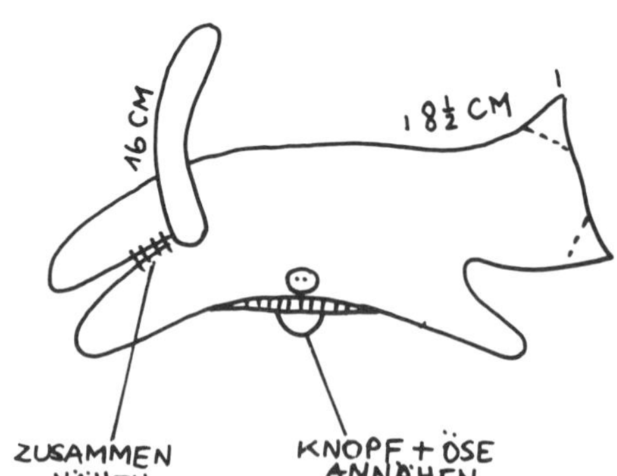

Abb. 31

6.–15. Rd.: 34 f.Ma. – seitlich je 1 Ma. dazuhäkeln.
Die Öffnung wird zugehäkelt und die Ohren schräg seitlich abgesteppt. *Abb. 31!*

2 Augen:
2 kleine Knöpfe annähen oder 2 schmale Querstiche in andersfarbiger Wolle aufsticken.

Schnurrbart:
Nylonfäden, Twist oder Mohairwolle in der Gesichtsmitte durchziehen und gut miteinander verknoten.
In den Kopf steckt man 1 leere, etwas verkürzte Zigarettenschachtel hinein für Zeige-, Mittel- und Ringfinger.
Vorder- und Hinterkopf mit Watte füllen und „in Form" drücken; die Schachtel unten am Rand etwas annähen! *Abb. 31 und 32!*

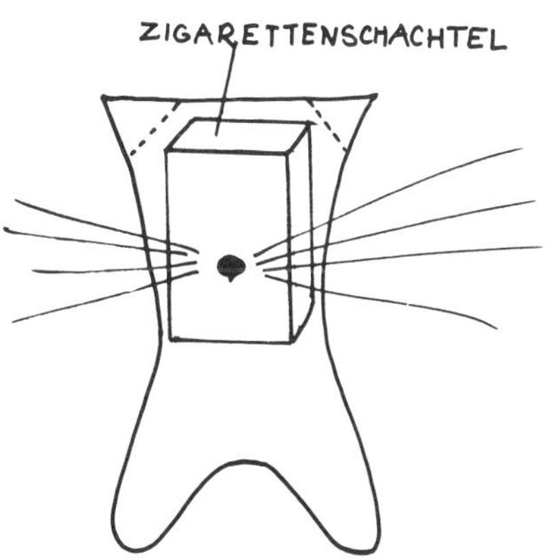

Schwanz:
3 Lftm. häkeln und in die 1. Lftm. 7 Stb. häkeln und mit 1 Kettma. zum Kreis schließen.
Mit 8 f.Ma. 2 Runden häkeln.
In der 3., 5. und 9. Rd. irgendwo 1 Ma. zusätzlich heraushäkeln = 11 Ma.
Der Schwanz ist ca. 16 cm lang; mit dem Ausstopfen beginnt man schon während des Häkelns nach der 9. Runde.
Über den Hinterbeinen wird das gute Stück dann von rechts fest angenäht. Siehe auch Foto auf Seite 19.

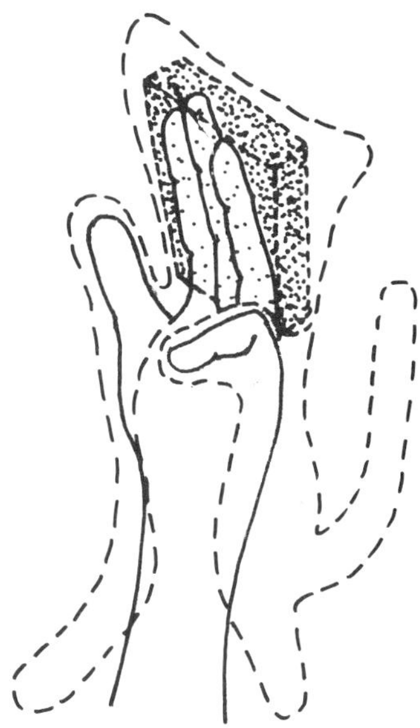

Abb. 32

Gehäkelte Eule

Benötigt wird:
100 g weinrote oder schwarz/weißmelierte Wolle
1 Rest dünne, weiße und schwarze Wolle (Augen)
1 Rest gelbliche Wolle (Schnabel)
evtl. 2 kleine dunkle Augen-Knöpfe
1 Häkelhaken Nr. 3

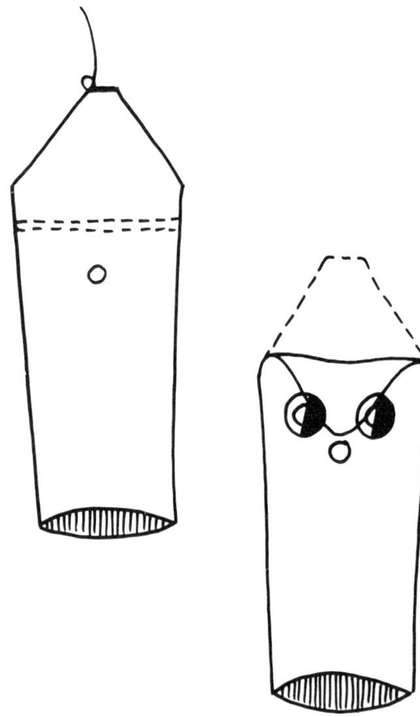

Körper (rundgehäkelt):
Der Körper wird mit halben Stb. gearbeitet, dabei stets in die hintere Ma. der Vorrd. einstechen:
40 Lftm. zum Kreis mit 1 Kettma. schließen, plus 1 Lftm. = 1. h.Stb. der folgenden Rd.
1.–18. Rd.: 39 h.Stb., dann beginnt der

Kopf (mit f.Ma. rundgehäkelt):
1. Rd.: 5x1 Ma. über diese Rd. verteilt überspringen = 35 Ma.
2. Rd.: 2x1 Ma. über diese Rd. verteilt überspringen = 33 Ma.
3.–4.: ohne Abnahmen.
5. Rd.: aus jeder 3. Ma. 2 Ma. heraushäkeln = 44 Ma.
6.–8. Rd.: 44 Ma.

Schnabelloch:
9. Rd.: 20 f.Ma., 4 Lftm., dabei 4 Ma. aus der Vorrd. überspringen, 20 f.Ma.
10. Rd.: 44 f.Ma.
11. Rd.: über diese Rd. verteilt 6x1 Ma. dazuhäkeln = 50 Ma.
12.–18.: ohne Zunahmen.
Jetzt legt man die Eule so aufeinander, daß das Schnabelloch genau vorne in der Mitte ist. Von rechts nach links häkelt man den Ober- und Unterkopf mit 25 f.Ma. zusammen. *Abb. 33!*
Nach der zusammengehäkelten Reihe folgen weitere 3 Reihen mit f.Ma. (immer plus 1 We.-Lftm.! Danach überspringt man stets am Anfang die 1. Ma., bis nur noch 3 Ma.

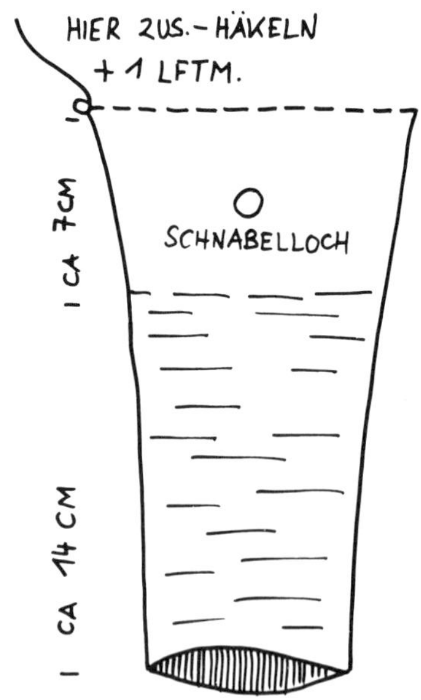

Abb. 33

Abb. 34

übriggeblieben sind. Die so entstandene Spitze wird dicht über dem Schnabelloch angenäht. *Abb. 34!*

2 runde, weiße Augenscheiben:

3 Lftm. häkeln und in die 1. Lftm. 11 Stb. häkeln und mit 1 Kettma. zum Kreis schließen, plus 2 Lftm. = 1. Stb. der folgenden Rd.:

1. Rd.: Jedes Stb. der Vorrd. verdoppeln = 24 Stb. plus 2 Lftm.

2. Rd.: Jedes Stb. der Vorrd. verdoppeln = 48 Stb.

Entweder näht man nun die Augenscheiben über oder unter das angehäkelte Teil an den Kopf *an* (*nicht durch*nähen!).

2 halbe, schwarze Augenscheiben:

3 Lftm. häkeln und in die 1. Lftm. 6 Stb. häkeln plus 2 We.-Lftm.; jedes Stb. der Vor*reihe* verdoppeln. = 14 Stb.

Diese 2 schwarzen Halbkreise auf die beiden weißen Augenscheiben nähen, wie *Abb. 34* zeigt.

Statt der schwarzen Augen kann man auch 2 kleine dunkle Knöpfe in die Mitte der weißen Scheiben setzen.

Unterer Schnabel mit gelblicher Wolle

Auf 7 Lftm. (plus 1 We-.Lftm.!) häkelt man 7 f.Ma.:

1.–7. Rh.: am Anfang jeder Rh. 1 Ma. überspringen, bis nur noch 1. Ma. übrig ist.

Dieses Teil wird direkt unter das Schnabelloch *an,* aber *nicht durch*genäht.

Oberer Schnabel mit gelblicher Wolle

(rundgehäkelt):

3 Lftm. und in die 1. Lftm. 7 Stb. häkeln und den Kreis mit 1 Kettma. schließen:

1.–3. Rd.: 8 f.Ma.

4. Rd.: jede Ma. verdoppeln = 16 Ma.

5.–8. Rd.: 16 Ma.

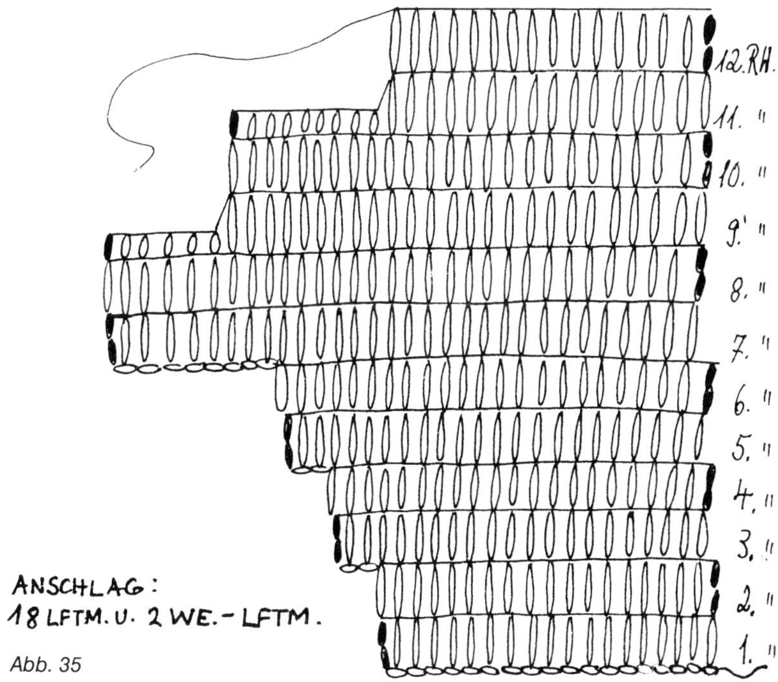

Abb. 35

Den 5 cm langen Schnabel ins Loch mit überwendlichen Stichen einnähen.

2 Flügel

(nach *Zählmuster Abb. 35* arbeiten):
18 Lftm. plus 1 We.-Lftm. häkeln.
1.–12. Rh. sind h.Stb. und manchmal auch f.Ma. Bei den h.Stb. stets ins hintere Maschenglied der Vorrh. einstechen!
1. Rh.: 18 h.Stb.
2. Rh.: 2 We.-Lftm. und 18 h.Stb. und 2 Lftm.
3. Rh.: 2 We.-Lftm. und 20 h.Stb.
4. Rh.: 2 We.-Lftm. und 20 h.Stb. und 2 Lftm.
5. Rh.: 2 We.-Lftm. und 22 h.Stb.
6. Rh.: 2 We.-Lftm. und 22 h.Stb. und 8 Lftm.
7. Rh.: 2 We.-Lftm. und 30 h.Stb.
8. Rh.: 2 We.-Lftm. und 30 h.Stb.
9. Rh.: 1 We.-Lftm. und 5 f.Ma. und 25 h.Stb.
10. Rh.: 2 We.-Lftm. und 24 h.Stb.
11. Rh.: 1 We.-Lftm. und 8 f.Ma. und 16 h.Stb.
12. Rh.: 2 We.-Lftm. und 15 h.Stb.

Abb. 34 zeigt, wo die beiden Flügel zusammengezogen und angenäht werden.
In den oberen Schnabel steckt man seinen rechten oder linken Mittelfinger.
Schön langsam diesen auf- und abbewegen und dabei ein leises, dumpfes, unheimliches „Uh ... h ... uuuuuuh! von sich geben!

Gehäkelter Papagei

Benötigt wird:
Ca. 70 g beige Wolle (Körper)
ca. 20 g blaue Wolle (Kopf)
ca. 40 g rote Wolle (Oberflügel)
1 Rest gelbe Wolle (Schnabel)
1 Rest melierte Wolle (Kopfteil)
10 kleinere, buntere Wollreste (Unterflügel)
1 kleiner Rest weiße Wolle (Augenscheiben)
2 kleine, dunkle Augen-Knöpfe
evtl. 18 cm Gummiband
1 Rest rote Mohairwolle (Kopfputz)
Stecknadeln
evtl. 3–5 cm breiten Pappstreifen
1 Häkelhaken Nr. 3
2 rote Oberflügel mit h.Stb. und f.Ma.
2 bunte Unterflügel mit h.Stb. und f.Ma.
Abb. 36
15 Lftm. häkeln, Rh. 1–19 nach Zählmuster arbeiten.
Bei den 2 bunten Unterflügeln wechselt man in jeder *geraden* Zahlenreihe die Farbe!

Flügel:
1. Rh.: 15 h.Stb.
2. Rh.: 2 We.-Lftm. und 15 h.Stb. und 5 Lftm.
3. Rh.: 2 We.-Lftm. und 20 h.Stb.
4. Rh.: 2 We.-Lftm. und 20 h.Stb. und 7 Lftm.
5. Rh.: 2 We.-Lftm. und 27 h.Stb.
6. Rh.: 2 We.-Lftm., 27 h.Stb. und 10 Lftm.
7. Rh.: 2 We.-Lftm. und 37 h.Stb.
8. Rh.: 2 We.-Lftm., 37 h.Stb. und 12 Lftm.
9. Rh.: 2 We.-Lftm. und 49 h.Stb.
10. Rh.: 2 We.-Lftm. und 49 h.Stb.
11. Rh.: 1 We.-Lftm., 6 f.Ma. und 43 h.Stb.
12. Rh.: 2 We.-Lftm. und 43 h.Stb.
13. Rh.: 2 We.-Lftm. und 43 h.Stb.
14. Rh.: 2 We.-Lftm. und 43 h.Stb.
15. Rh.: 1 We.-Lftm., 10 f.Ma. und 33 h.Stb.
16. Rh.: 2 We.-Lftm. und 33 h.Stb.
17. Rh.: 1 We.-Lftm., 10 f.Ma. und 23 h.Stb.
18. Rh.: 2 We.-Lftm. und 23 h.Stb.
19. Rh.: 1 We.-Lftm., 10 f.Ma. und 13 h.Stb.

Oberer Schnabel (gelbe Wolle):
3 Lftm. häkeln und in die 1. Lftm. 8 Stb. häkeln und den Kreis mit 1 Kettma. schließen; mit f.Ma. rundhäkeln:
1.–7. Rd.: 10 Ma. ca. 3½ cm hoch häkeln.
8. Rd.: wie *Abb. 37* zeigt, werden 2x aus nebeneinanderliegenden Ma. je 2 Ma. herausgehäkelt.
9.–10. Rd.: nach *Abb. 37 oben* arbeiten!
Dieses Heraushäkeln von jedesmal 2 Ma. vollzieht sich noch über weitere Runden und zwar solange, bis zum 1. Mal in einer Rd. 23 Ma. vorhanden sind; das ist nach etwa 6 cm der Fall.

Kopf (mit blauer Wolle):
Jetzt in der hinteren Schnabelmitte einstechen und in *Reihen* mit We.-Lftm. häkeln. (Siehe *Abb. 37 unten!*)
1. Rh.: 22 f.Ma.
2.–11. Rh.: am Anfang und in der Mitte *jeder* folgenden Rh. 1 Ma. dazu häkeln, bis 40 Ma. in einer Reihe sind (ca. 5 cm).
Hiernach folgen *Runden* mit melierter Wolle:
1. Rd.: aus jeder 4. Ma. 2 Ma. heraushäkeln. Mit 50 Ma. ca. 7 cm rundhäkeln.

Roter Halsstreifen:
1. Rd.: Jede 5. Ma. überspringen; mit 40 Ma. ca. 2 cm rundhäkeln.

Körper (mit beiger Wolle):
17 cm rundhäkeln.
Alle Fäden vernähen und das Gummiband, falls erforderlich, in den roten Halsstreifen von innen lose annähen.

Unterer Schnabel (mit gelber Wolle):
Aus dem 6 cm langen Loch im blauen Kopfteil 22 Ma. heraushäkeln und in jeder nun folgenden Runde 2 Ma. immer am unteren Schnabelende überspringen, damit der Schnabel sich zuspitzt. Faden mit 1 Stopf-

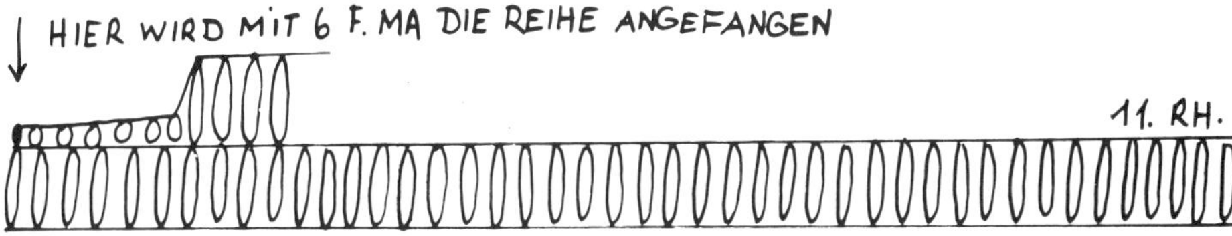
HIER WIRD MIT 6 F. MA DIE REIHE ANGEFANGEN
11. RH.

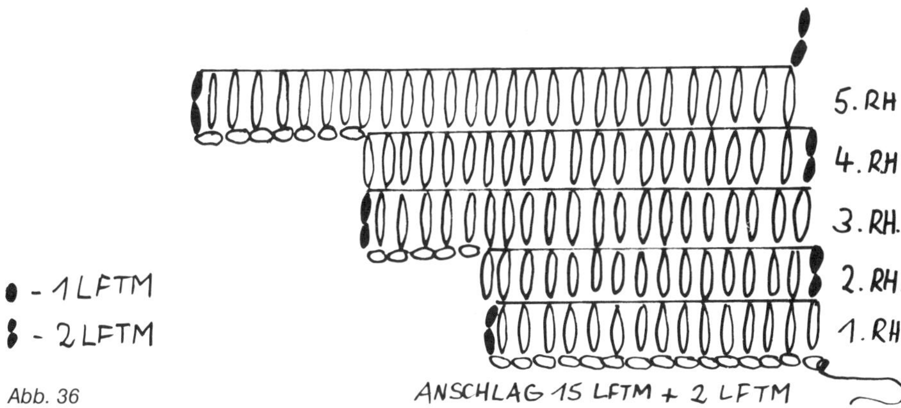
5. RH.
4. RH.
3. RH.
2. RH.
1. RH.
ANSCHLAG 15 LFTM + 2 LFTM
- 1 LFTM
- 2 LFTM

Abb. 36

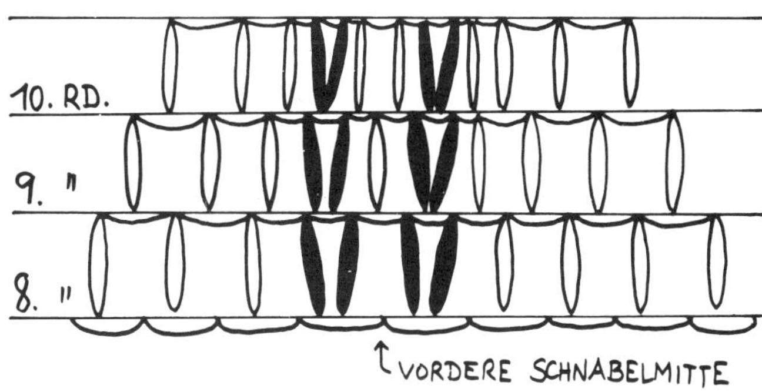
10. RD.
9. "
8. "
VORDERE SCHNABELMITTE

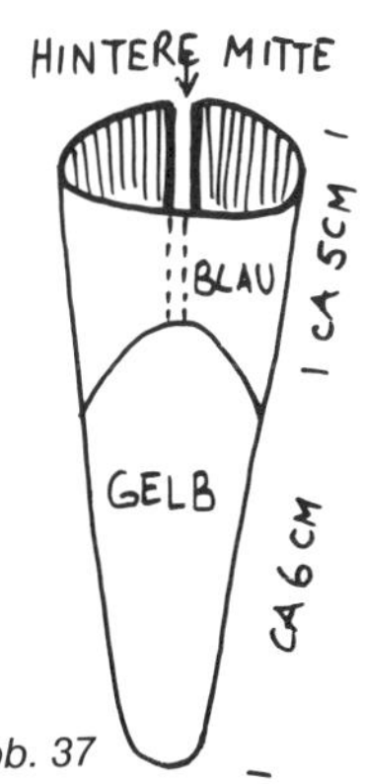
HINTERE MITTE
BLAU
CA 5 CM
GELB
CA 6 CM

Abb. 37

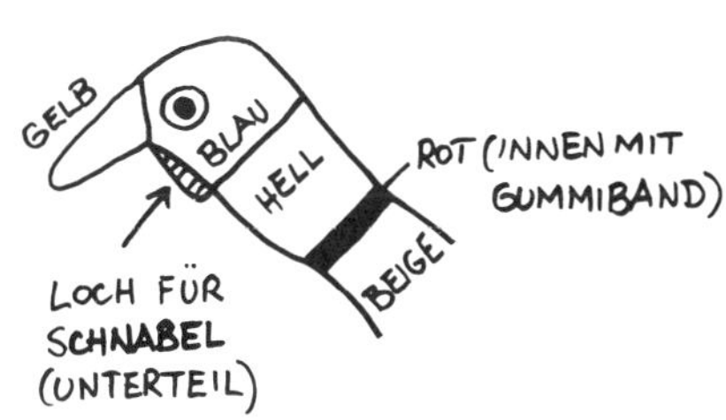
GELB
BLAU
HELL
ROT (INNEN MIT GUMMIBAND)
BEIGE
LOCH FÜR SCHNABEL (UNTERTEIL)

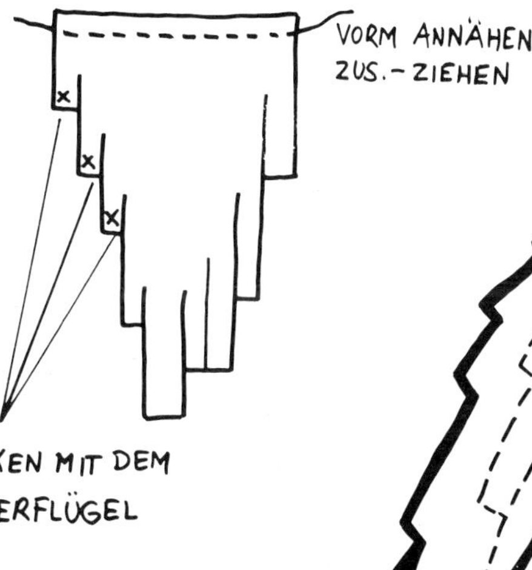

Abb. 38

nadel nach innen holen und diesen durch einige Ma. bis zur Anfangsrd. bringen; hier führt man ihn durch alle Ma., zieht sie damit etwas zusammen, damit der Daumen beim Spielen „Halt“ hat.

2 Augenscheiben (mit weißer Wolle):
3 Lftm. häkeln und in die 1. Lftm. 9 Stb. häkeln und Kreis mit 1 Kettma. schließen.
3 Lftm. und 20 Stb. auf diese Scheibe häkeln und den Kreis mit 1 Kettma. schließen.
Beide Augenplatten werden links und rechts vom Kopf angenäht.
2 dunkle Knöpfe in die Scheibenmitte annähen; evtl. um jeden Knopf noch eine rote Umrandung mit Stielstich machen!

Kopfputz (mit roter Mohairwolle):
Um die Federn auf dem Papageienkopf anzudeuten, häkelt man in den Augenzwischenraum 2 Reihen Schlingenstiche an. *Abb. 38!* Jetzt näht man rechts und links vom Ara zuerst die bunten Unterflügel an (vorher an der oberen Kante zusammenziehen). Die roten Oberflügel werden schräg und ein bißchen seitlich darüber an den roten Halsstreifen angenäht. *Abb. 38!*
Am Rücken des Papageis (vom Hals aus gesehen) näht man dann die ersten 3 „Zakken“ beider Oberflügel zusammen, damit sie nicht so schlapp herunterhängen.

Vogelbrust (Schlingenhäkelei):
Ab rotem Halsstreifen bekommt die ganze Brust noch 10 Reihen hellfarbige Schlingenstiche angehäkelt; man kann auch 8–10 cm lange Wollfäden anknüpfen.
Unser Ara wird lebendig, wenn Sie mit der linken oder rechten Hand ganz in ihn hineinschlüpfen: Daumen kommt in den unteren, Mittelfinger in den oberen Schnabel.
Versuchen Sie sich doch einmal als „Bauchredner“ mit quiekiger Papageienstimme: „Kiss me, Kate! Come, kiss me, Kate!“

Gehäkeltes Krokodil

Benötigt wird:
Ca. 200 g giftgrüne, mittelstarke Wolle
1 Rest dunkel- und mittelgrüne Wolle
1 Rest rote, etwas dünnere Wolle
Waschwatte zum Füllen des oberen Maules
2 dünne und 1 dicker Plastiklockenwickler
2 Pappscheiben zur Innenmaulverstärkung
2 Styroporkugeln in Walnußgröße (Augen)
2 durchsichtige Glasperlen (Tränen)
10 weiße Kugelknöpfe oder Tubenverschlüsse mit selbstgebohrten Annählöchern (Zähne)
1 schwarzer Filzstift
1 Häkelhaken Nr. 3

Oberes Maul
(mit giftgrünen f.Ma. rundgehäkelt):
20 Lftm. zum Kreis schließen, 1 Lftm. (Faden zum späteren Vernähen hängen lassen!):
1. Rd.: 20 Ma.
2. Rd.: die 1. und jede 5. Ma. verdoppeln.
3. Rd.: 25 Ma.
4. Rd.: die 1. und jede 5. Ma. verdoppeln.
5. Rd.: 30 Ma. (Öffnung unten zunähen!)
6. Rd.: die 1. und jede 3. Ma. verdoppeln.
7. Rd.: mit 40 Ma. rundherum häkeln, bis das ganze Teil 14 cm lang ist; dann die 1. und jede 4. Ma. verdoppeln und mit 50 Ma. 3 cm hoch häkeln.
Nun den dicken Lockenwickler mit Watte umgeben und mit einem Wollfaden fest umwickeln und ihn ganz nach vorne quer ins Maul hineinschieben; rechts und links davon 2 dünne Lockenwickler legen und zwischen beide Watte stopfen. *Abb. 39!*
Jetzt wieder die 1. und 4. Ma. verdoppeln und die Rd. mit 1 Sicherheitsnadel markieren. Mit 62 Ma. 3 cm häkeln, dann jede 1. und 7. Ma. verdoppeln.
Mit 70 Ma. solange hochhäkeln, bis eine Gesamtlänge von 28 cm erreicht worden ist. Arbeit liegenlassen und das untere Maul mit mittelgrüner Wolle anfangen.

Unteres Maul (mit f.Ma. ruundgehäkelt):
15 Lftm. zum Kreis schließen, 1 Lftm. (Faden zum späteren Vernähen hängen lassen):

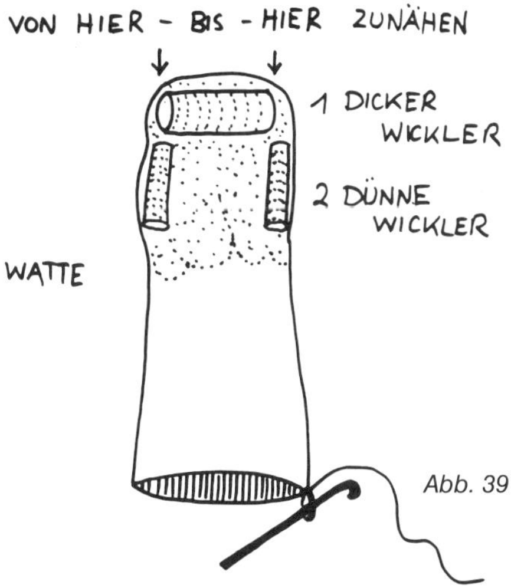

Abb. 39

1. Rd.: 15 Ma.
2. Rd.: die 1. und jede 5. Ma. verdoppeln.
3. Rd.: 20 Ma.
4. Rd.: die 1. und jede 5. Ma. verdoppeln.
5. Rd.: 25 Ma. (Anfangsöffnung zunähen).
6. Rd.: die 1. und jede 5. Ma. verdoppeln.
7. Rd.: 30 Ma.
8. Rd.: die 1. und jede 5. Ma. verdoppeln.
9. Rd.: 35 Ma.
10. Rd.: die 1. und jede 6. Ma. *überspringen* (Sicherheitsnadel-Markierung!).
11.–20. Rd.: 30 Ma.
21. Rd.: die 1. und jede 6. Ma. verdoppeln.
22. Rd.: 35 Ma.
23. Rd.: jede 5. Ma. verdoppeln.
24. Rd.: mit 40 Ma. solange rundherumhäkeln, bis das ganze untere Maul 24 cm lang ist.

Nun das obere Maul mit Watte füllen und zunähen.

In die Spitze des unteren Maules einen mit Wolle umwickelten Watteball stecken und damit er nicht verrutscht, ihn mit unsichtbaren Stichen festnähen; dann das untere Maul auf das obere Maul legen und an der mit „X" bezeichneten Stelle annähen. *Abb. 40!*

Die punktierte Linie gibt den kreisförmigen Umfang an, aus dem jetzt 60 Ma. mit hellgrüner Wolle herausgehäkelt werden sollen.

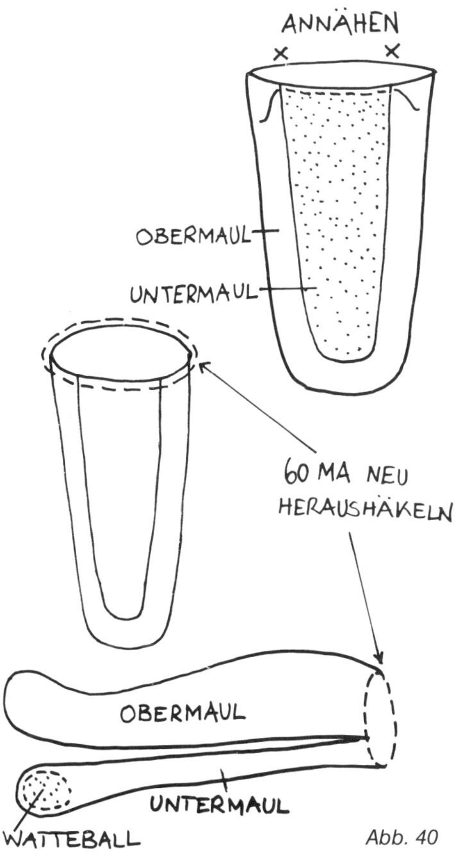

Abb. 40

Körper:

1. Rd.: 20 Ma. aus dem Unterkiefer und 40 Ma. aus dem Oberkiefer heraushäkeln. Die Ma. aus dem Oberteil im Halbkreis, 2 cm von der Nahtstelle entfernt, aufnehmen.
2. Rd.: von hier ab 10 Rd. mit 60 f.Ma. und ab 11. Rd. mit Stb. 35 cm weiterhäkeln, dabei alle 10 cm 2 Stb. weniger häkeln (Ma. überspringen!); letzte Rd. hat 54 f.Ma.

Innenmaulverstärkung:

Aus dünner, aber fester Pappe schneidet man nun die Teile „A" und „B" aus *(Abb. 41)* und näht beide Pappteile ins Maul ein; beim Unterkiefer *nicht* durchnähen, da die Spielerhand ja gut Platz haben muß! Unter Berücksichtigung der Pappscheibenmaße häkelt man mit roter Wolle – in einem Stück durch – das ganze Innenmaul und näht es an den Rändern ringsherum fest an. Vorsicht wieder beim Unterkiefer: nicht durchnähen!

Nach jeder Rh. folgt 1 We.-Lftm. *Abb. 42!*

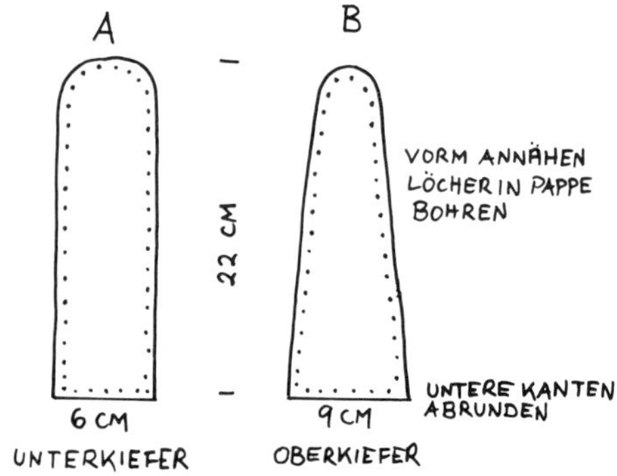

Abb. 41

10 Zähne:

4 weiße „Zähne" in den Oberkiefer und 6 in den Unterkiefer anbringen. Die oberen Zähne müssen in die Lücken der unteren Zähne passen.

2 Augen:

2 weiße Styroporkugeln, die an den Außenseiten große, schwarze Pupillen angemalt bekommen, werden zunächst auf das obere Maul angenäht, und zwar im Abstand von ca. 7 cm zueinander.

Dann häkelt man mit dunkelgrüner Wolle folgendes Teil, das später um die Augen herum angenäht wird:

29 Lftm. plus 1 We.-Lftm.

1. Rh.: 29 Stb. und 2 We.-Lftm.
2. Rh.: 29 Stb. und 2 We.-Lftm.
3. Rh.: 29 Stb. und 1 We.-Lftm.
4. Rh.: 29 f.Ma. und 1 We.-Lftm.
5. Rh.: 27 f.Ma., d. h. 2x1 Ma. überspringen.
6. Rh.: 25 f.Ma., d. h. 2x1 Ma. überspringen.
7. Rh.: 24 f.Ma., d. h. 1x1 Ma. überspringen.

8.–28. Rh.: 24 f.Ma.

29. Rh.: Arbeit teilen in 2x12 Ma. und nach *Abb. 44* zu Ende führen.

Die 1. Stb.-Reihe dieses Augenteils wird an die 1. Stb.-Reihe des Körpers angenäht; siehe *Abb. 45!*

Damit die Augen nicht verrutschen, klebt man sie mit dem gehäkelten Augenteil am Rande fest.

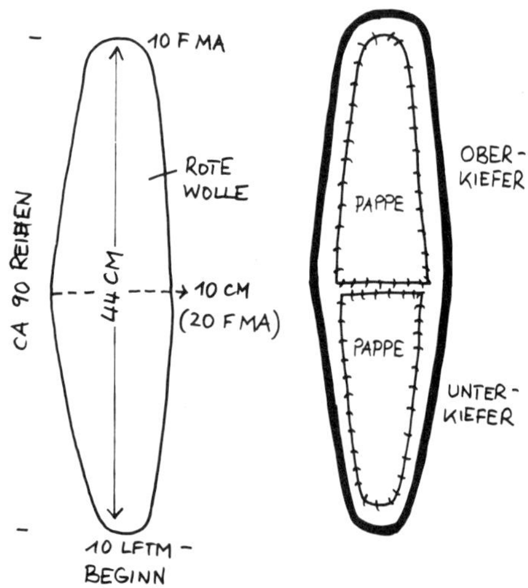

Abb. 42

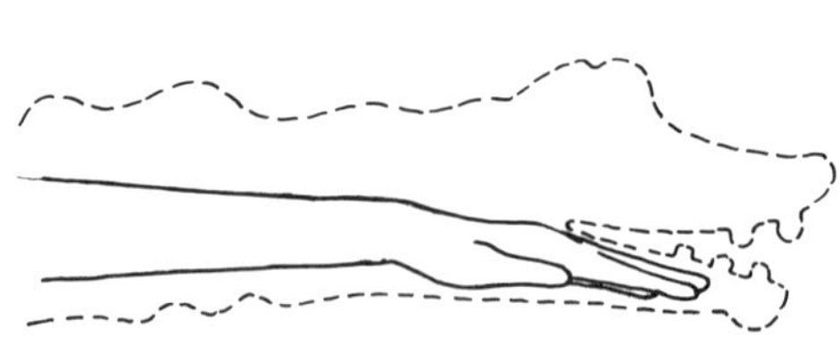

Abb. 43

Nasenlöcher (mit dunkelgrüner Wolle):
2 runde gehäkelte „Scheiben", so groß wie 2-DM-Stücke, werden vorne seitlich ans obere Maul angenäht:
3 Lftm. häkeln und in die 1. Lftm. 12 Stb. häkeln; mit f.Ma. die Scheiben noch einmal umhäkeln. *Abb. 45!*

Vorderfüße:
Dicht unter dem Kopf werden rechts und links die Füße angenäht. Man häkelt dafür 6 sog. „Fingerlinge" aus den übriggebliebenen Wollresten:
3 Lftm. häkeln und in die 1. Lftm. 10 Stb. häkeln und mit 1 Kettma. den Kreis schließen, 1 Lftm.
1.–13. Rd.: mit 11 f.Ma. ca. 7 cm hoch häkeln. Man legt nun je 3 Fingerlinge nebeneinander und häkelt sie mit 15 f.Ma. zusammen. 2 weitere Rh. mit 15 f.Ma. folgen. *Abb. 45!*

Abb. 44

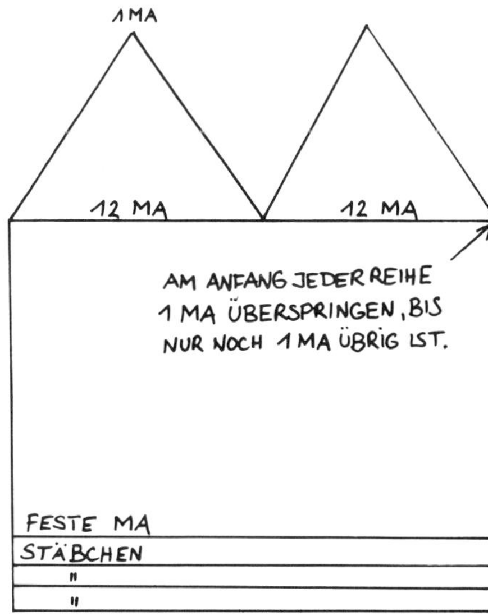

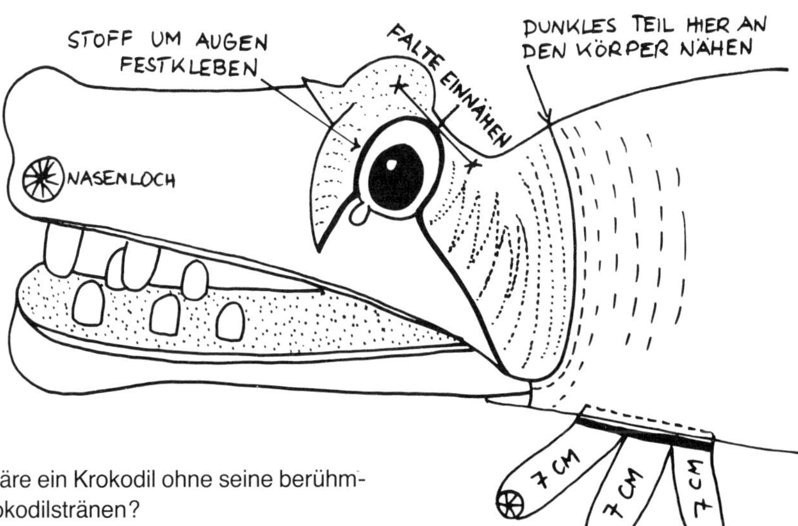

Was wäre ein Krokodil ohne seine berühmten Krokodilstränen?
Also, 2 durchsichtige, einfarbige Glasperlen müssen unbedingt noch in die vorderen Augenwinkel angenäht werden! Siehe Foto Seite 38.

Abb. 45

Gehäkelter Hahn

Benötigt wird:
Ca. 25 g schwarze Wolle
ca. 100 g Wolle in verschiedenen roten Farbabstufungen:
weinrot, dunkelrot, mittelrot, hellrot, lilarot, rosarot
etwas Waschwatte zur Kopffüllung
2 sehr kleine, dunkle Augen-Knöpfe
2 mittelgroße, weiße Wäscheknöpfe
1 Nadel mit reißfestem Faden
1 Häkelhaken Nr. 3

4 Schwanzfedern („Fingerlinge" für Zeige-, Mittel-, Ring- und kleinen Finger nach Farbnummern in *Abb. 46* gearbeitet):
47 Lftm. plus 2 We.-Lftm. häkeln und darauf 47 Stb. setzen; Anfangsfaden gleich vernähen!
Zu den 48 Stb. folgen noch 7 Stb., die alle in die 1. Lftm. gehäkelt werden; dann 1 f.Ma. über das achtletzte Stb. machen und 1 Lftm. Nun wird in Runden mit f.Ma. weitergehäkelt.
Abb. 46 oben rechts: 1.–7. Rd.: 9 Ma. (die 1. Rd. wird *zurückgehäkelt).*

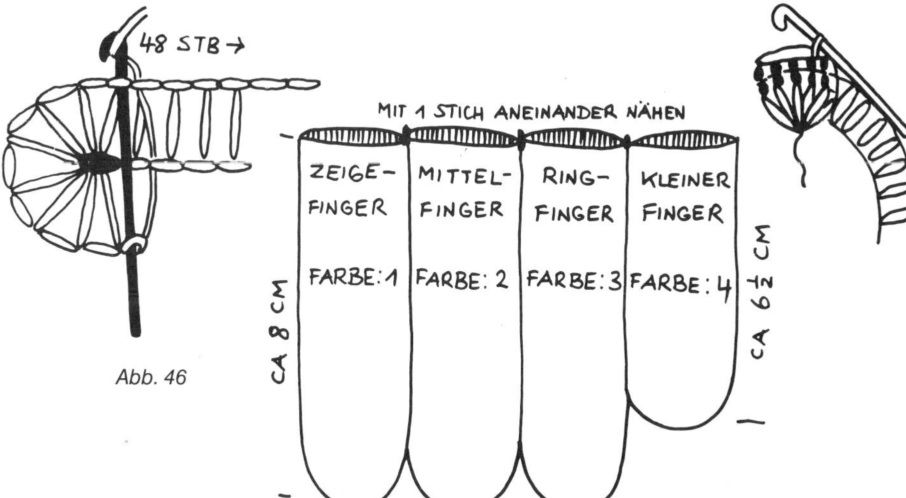

Abb. 46

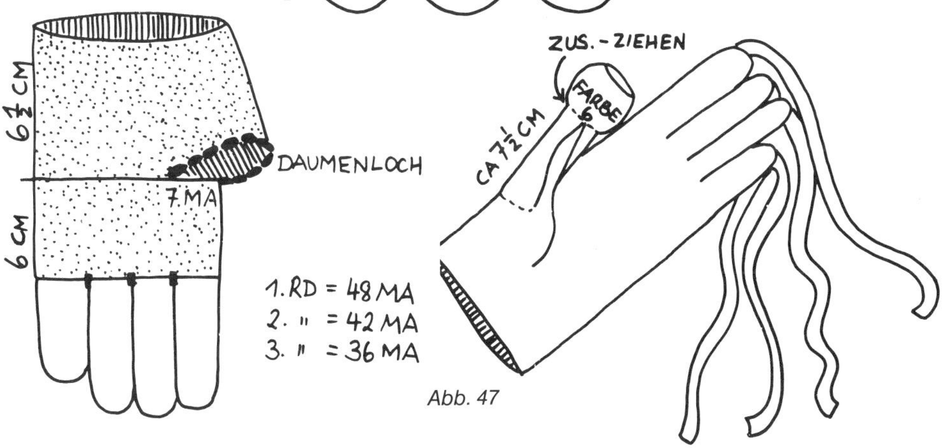

Abb. 47

8. Rd.: aus der 1., 4. und 7. Ma. je 2 Ma. heraushäkeln = 12 Ma.
9.–12. Rd.: 12 Ma.
13. Rd.: aus der 1. und 6. Ma. je 2 Ma. heraushäkeln = 14 Ma.
14.–15. Rd.: 14 Ma.; Faden vernähen!

Körper (mit schwarzer Wolle und f.Ma.): Nach *Abb. 46* unten alle „Fingerlinge" mit einem Stich aneinandernähen; dann:
1. Rd.: 48 Ma.
2. Rd.: zwischen den Fingern, an Ober- und Unterseite, 1 Ma. überspringen = 42 Ma.
3. Rd.: wie 2. Rd. = 36 Ma.
4. Rd.: der „Handschuh" ist jetzt ca. 6 cm lang; in dieser Rd. beginnt der Daumen: 10 Lftm. über 7 f.Ma. der Vorrd. häkeln. *Abb. 47!*
Mit 39 Ma. häkelt man bis zum Schluß weiter. Von der 1. bis letzten schwarzen Rd. = 12½ cm.

Hahnenbrust (schwarze Wolle und f.Ma.): Aus dem Daumenloch häkelt man 20 Ma. heraus und arbeitet damit 10 Rd. hoch.

Kopf (mit Rosarot weiterhäkeln):
1. Rd.: jede 5. Ma. verdoppeln = 24 Ma.
2. Rd.: diese Rd. und die 4., 6., 7., 9. ohne Zu- oder Abnahmen.
3. Rd.: jede 5. Ma. verdoppeln = 28 Ma.
5. Rd.: jede 5. Ma. verdoppeln = 33 Ma.
8. Rd.: jede 4. Ma. überspringen = 25 Ma.
10. Rd.: jede 5. Ma. überspringen = 20 Ma.
11. Rd.: 20 Ma. Faden vernähen.

Augen:
2 kleine, dunkle Knöpfe auf 2 Wäscheknöpfe legen und beide gleichzeitig annähen.

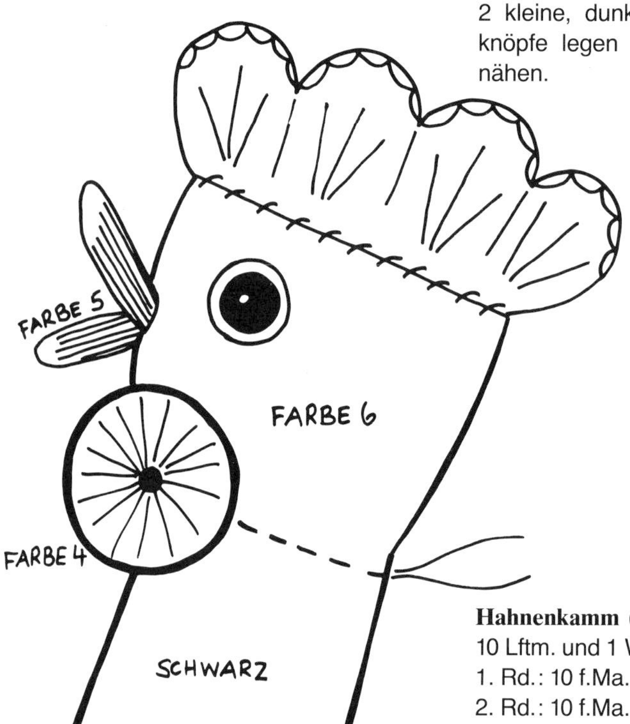

Abb. 48

Hahnenkamm (in Hellrot):
10 Lftm. und 1 We.-Lftm. häkeln.
1. Rd.: 10 f.Ma. und 1 We.-Lftm.
2. Rd.: 10 f.Ma. und 1 We.-Lftm.
3. Rd.: in die nächste Ma. wie folgt häkeln: ⓧ 1 Stb., 1 D'Stb., 1 h.Stb., 2 f.Ma. ⓧ.
Von ⓧ bis ⓧ noch 3x wiederholen; Reihe endet mit 1 h.Stb.
Dieser Hahnenkamm wird nun so in die Kopföffnung eingenäht, daß die Kammspitze zum Spieler hinzeigt; Kopf mit Watte füllen, einen Extrafaden durch die Ma. der 1. Kopfrunde führen und zusammenziehen. *Abb. 48!*

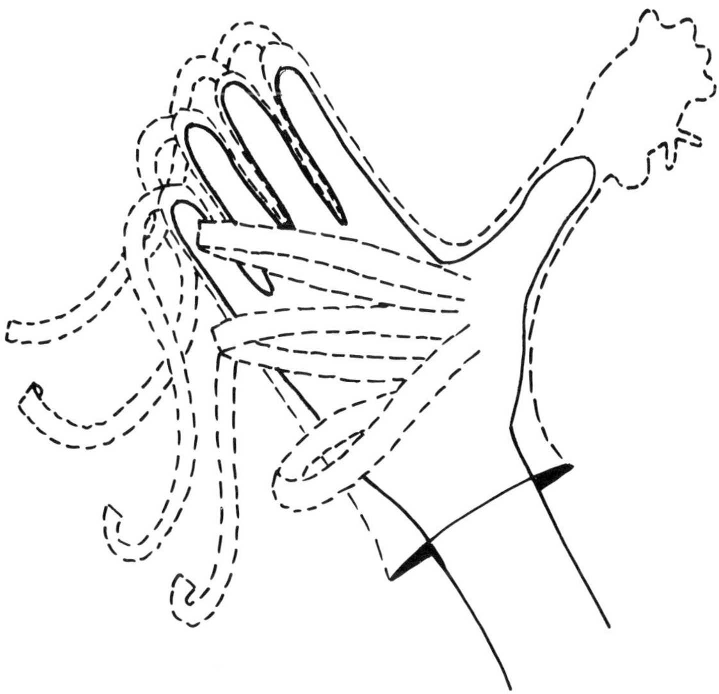

Abb. 49

Schnabel (in Gelb oder Lilarot):
3 Lftm. häkeln und in die 1. Lftm. 2 Stb. häkeln, 1 We.-Lftm.
1.–3. Rh.: 3 f.Ma. mit 1 We.-Lftm.
4. Rh.: beginnt mit 2 Lftm.; es folgen 2 zusammen abgemachte Stb., 1 Lftm.
Häkelfaden in die Stopfnadel einfädeln und in Längsrichtung durch alle Rh. mit kleinen Stichen gehen, damit der Schnabel fest wird; dann legt man ihn zur Hälfte zusammen und näht ihn in der Mitte am Kopf an. *Abb. 48!*

2 Kehllappen (in Hellrot):
3 Lftm. häkeln und in die 1. Lftm. 10 Stb. häkeln, Kreis mit 1 Kettma. schließen und unter den Schnabel annähen. *Abb. 48!*
Die ganze Brust bekommt noch in Lilarot Schlingenstiche angehäkelt.

Seitenfedern (in Wein-, Dunkel- und Hellrot):
Man häkelt im ganzen 6 „Bänder“, die zur Hälfte umgeklappt angenäht werden. *Abbildung 49:*
50 Lftm. häkeln und darauf 2 Rh. Stb. setzen!

Gestrickte und gehäkelte Fingerpüppchen

(nach dem Märchen „Rotkäppchen und der Wolf“)

Benötigt wird:
Viele kleinere, bunte, dünne Wollreste (wichtig: gesichtsfarbene Wolle)
Waschwatte zum Füllen der Köpfe
kleine Utensilien: z. B. Gewehr des Jägers, Körbchen von Rotkäppchen u. ä. m.
5 Stricknadeln Nr. 2–2 1/2
1 Häkelhaken Nr. 2 1/2–3
1 große Nähnadel

Grundform:
16 gehäkelte Lftm. zum Kreis schließen (der Lftm.-Ring muß lose um den Spielfinger passen!):
1.–15. Rd. (ca. 6 1/2 cm): mit 16 f.Ma. rundhäkeln und Faden vernähen.
Jetzt aus dem oberen Rand mit gesichtsfarbener Wolle 16 Ma. auf 3 Stricknadeln aufnehmen und 10 Rd. rechts stricken; danach alle Ma. mit dem Strickfaden zusammenziehen und Faden vernähen.
Haare und Gesicht aufsticken, Kopf mit Watte ausstopfen, denn die Fingerspitze des Spielers soll nur bis zum Halsrand jeder Puppe gehen. *Abb. 50!*

Abb. 50

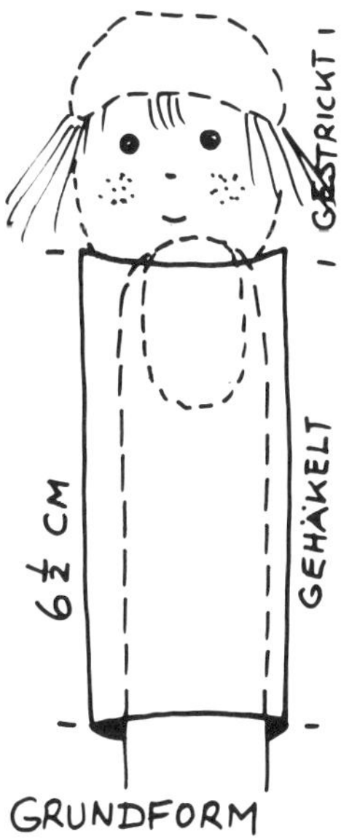

Umhang (mit 2 Na. gestrickt):
Ca. 16–18 Ma. aufschlagen und 6 cm hoch stricken, den Strickfaden mit 1 Stopfnadel durch alle Ma. der letzten Rh. führen, diese etwas zusammenziehen und am Puppenhals annähen.
(Man kann beim Rotkäppchen noch ein gestricktes oder gehäkeltes Röckchen über den schlauchartigen Körper ziehen! Rotkäppchen muß unbedingt eine rote Mütze tragen!)

Schürze (mit 2 Na. gestrickt):
Die Mutter von Rotkäppchen trägt eine Schürze:
15 Ma. aufschlagen.
Am Anfang jeder Rh. die 2. und 3. Ma. zusammenstricken, bis nur noch 6 Ma. auf der Na. sind; mit diesen 6 Ma. werden 5 Rh. hoch der Schürzenlatz gestrickt, dann abketten. Mit der letzten Ma. gleich eine Lftm.-Kette häkeln, die hinten um den Hals geführt und vorne am Latz angenäht wird. Rotkäppchens Mutter trägt unter ihrer Schürze ein richtiges Kleid.

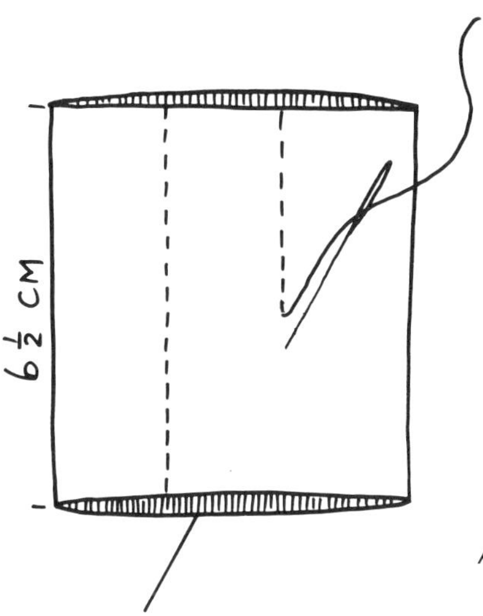

Abb. 51

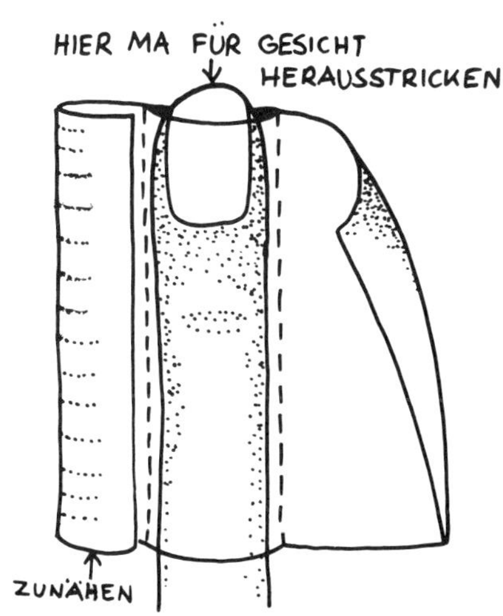

Kleid (rundgehäkelt):
18 Lftm. zum Kreis schließen plus 1 Lftm. und dann 6½ cm rundherum mit f.Ma. häkeln und die gewünschte Fingerbreite absteppen. *Abb. 51!*

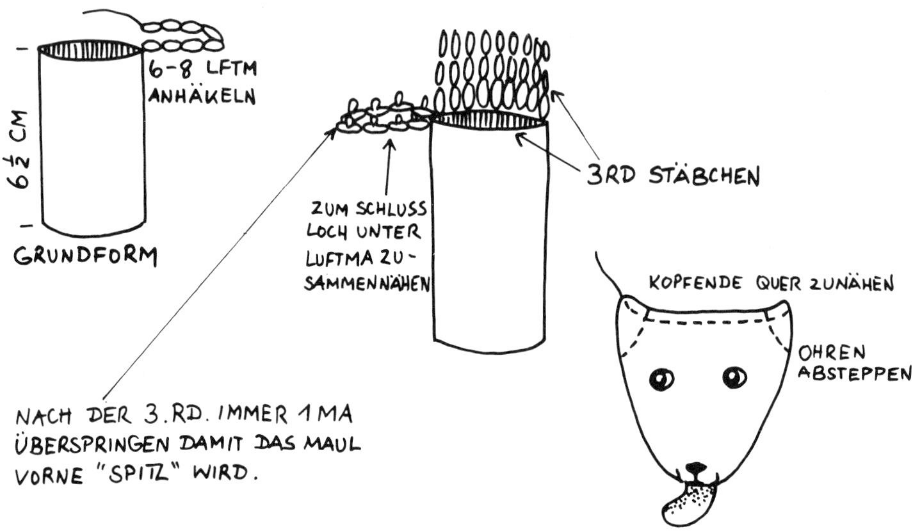

Der böse Wolf:

Mit 15–16 Lftm. einen 6½ cm langen Schlauch (wie *Grundform, Abb. 50*) mit braunmelierter Wolle in f.Ma. häkeln; dann zur linken Seite hin „ausladend“ 6–8 Lftm. anhäkeln, um damit das obere Loch für den Kopf zu vergrößern. Auf die angehäkelten Lftm. in der folgenden Rd. f.Ma. auf die übrigen Ma. der Vorrd. Stb. setzen, und zwar 3 Rd. hoch. *Abb. 52!*

An der mit Pfeil bezeichneten Stelle auf *Abb. 52* nach der 3. Rd. bei den nun folgenden 3–4 Rd. immer 1 Ma. überspringen, damit das Maul vorne „spitz“ wird.

Der Wolfskopf wird quer zusammengenäht und hat 2 seitlich abgesteppte Ohren. *Abb. 52!*

Schwanz:

Ein schmales Stückchen Fell macht sich gut als Schwanz, aber ein ca. 7 cm lang gehäkelter tut's auch.

Sehr furchterregend ist eine knallrote, heraushängende, angehäkelte Zunge!

Der Wolfskopf wird etwas ausgestopft.

Katze

(mit weißer oder schwarzer Mohairwolle): wie Wolf häkeln *(Abb. 52),* nur statt 6–8 hier nur 4 Lftm. „ausladend“ anhäkeln!

Schnurrhaare bestehen aus weißem Garn oder Nylonfäden.

ISBN 3-7724-0480-4 · Best.-Nr. 755

 1. Auflage 1981

frech-verlag

GmbH + Co. Druck KG Stuttgart

Druck: Frech, Stuttgart